U0725526

设计专业基础读本

从认识到发现

基于设计思维的设计基础课程实录

郭晓晔 编著

中国建筑工业出版社

图书在版编目（CIP）数据

从认识到发现：基于设计思维的设计基础课程实录 /
郭晓晔编著. —北京：中国建筑工业出版社，2020.6
（设计专业基础读本）
ISBN 978-7-112-25090-5

Ⅰ．①从… Ⅱ．①郭…Ⅲ．①设计 - 思维方法 - 高等
学校 - 教学参考资料Ⅳ．① J06

中国版本图书馆 CIP 数据核字（2020）第 075627 号

责任编辑：李成成
责任校对：李美娜
书籍设计：郭晓晔设计团队

设计专业基础读本
从认识到发现 基于设计思维的设计基础课程实录
郭晓晔　编著

*

中国建筑工业出版社出版、发行（北京海淀三里河路9号）
各地新华书店、建筑书店经销
北京富诚彩色印刷有限公司印刷

*

开本：880×1230毫米 1/32　印张：6⅞　字数：144　千字
2020年7月第一版　　2020年7月第一次印刷
定价：68.00元
ISBN 978-7-112-25090-5
　　（35877）

前言

从认识到发现

　　自 20 世纪 80 年代至今，恰逢中国经济腾飞，中国设计教育已经历三十多年跨越式发展，形成与西方现代设计"时间性与历史性"接续发展的历程迥然不同的态势。近年来艺术设计学科在各学科本科毕业人数中保持前三位，每年毕业人数超过 10 万人，在肯定设计人才为发展做出积极贡献的同时，我们也必须看到：在设备硬件与软件技术等相对容易学习掌握的领域，我们俨然已同世界领先同步，而在设计目的与创新路径等需要时间进行价值思辨、创新模式探索与培育方面则无暇顾及。传统设计师的角色多数在为商品经济服务并协助其创造了可观的价值，也直接或间接塑造了今日的文化环境与精神风貌。消费导向加剧了单纯以营利、实用为目的的设计观，使设计业长期停滞在跟风与模仿的层次，受就业导向的影响，设计教育难以肩负引领的责任，开始滞后于社会发展并陷入对新事物的匆忙应对窘境中。设计教育有责任寻求突破，打破"弯道超车"的复制心态，理性看待设计责任与作用机制，并沉着、专注于科学设计方法的研究与教学。

设计行为需要掌握可被重复、被验证的方法流程，设计教育也需要首先承认因为设计有方法，才可以被传授。设计思维与方法课程是基于"设计价值观＋设计方法论"的角度，重新审视设计教育的整体框架，定位关键基础能力与素质培养的课程研究与实践过程。课程研究本着："设计设计课程"的初衷，将第一个动词的"设计"建立在广泛而深入的调研基础上，审慎观察与思考过往的设计教育，结合国内外学院、机构的相关设计思维研究与培养模式，通过课程论证、实验与迭代，形成有效的训练模块，以达成基础能力与素养的教学过程，面向未来以寻求关键的钥匙。为促使设计人才更好地肩负起推动社会与文化创新的重要角色，并能够主动适应信息时代应用设计与专业边界的快速、多元与复杂的拓展变化，这是第一个从问题认识、方法认识到教学模式发现的过程。

作为一门边缘学科，设计需要对广泛涉及社会学、心理学、符号学、传播学、工程学等领域有持续的、全面的认识。考察一个设计师专业程度的重要标准，取决于他是否能够依据逻辑主动寻求设计的诸多限定条件，并获得解决问题的关键概念与关键元素，这要求设计师具备宽广的视野并能够掌握研究方法，这种素质始终作用于设计学习与设计工作的全过程。面对含混不清的信息，多种利益与条件的矛盾，科学的设计思维与方法能够引导从认识问题的逻辑性达到问题解决的创造性发现，从本质上看，设计通识基础的教学应是对这种"从认识到发现"的方法论的启蒙。

设计思维作为设计方法的思维导向工具，对设计操作自概念定义的确立—限定条件与关键问题的认识—问题解决的路径实施—设计实现的修正与完成，这整体操作过程都具有范式化的指导意义，也包括对于创造性思维施以培育的启发，后者的意义恰将设计价值与责任意识融入对思维的塑造。设计思维的赋能过程显然不能仅靠知识灌输达成，更不能忽视今日媒介与技术发展为知识与技能学习提供的愈加多元、细化与深入的渠道。所谓的设计基础，已不再仅指表现手法与造型基础，更应将"从认识到发现"的自主学习能力，看作胜任创造者与引领者角色，并最终实现设计振兴的重要素养与基础。

目录

第一讲

从设计为什么 看设计教什么

怎样的梦想

设计是什么？这常常是初学者首要关心的问题，通过互联网搜索或书籍查阅，可以得到诸多从不同角度与价值出发点给予设计的定义，例如："设计是由人设想的，为实现某物而做的方案或计划。"；"设计的本质是一个解决问题的过程，只是问题有简单和复杂之分。"；"所有设计的目标都是为了创造物品与使用的适应。"作为有一定经验的专业人士，可以通畅理解并肯定这些为设计行为所做的不同侧面的解释，但如果要向初入设计之门的新人勾画出更加直观的认识，不妨从"设计为什么？"或"为谁而设计？"的角度启发其对设计概念的思考。

从造物或沟通领域，宏观或微观的视角观察设计意图，我们可以逐渐获得对于设计的概念认知更清晰的轮廓。例如为琐碎日常的设计：无印良品和Further Options合作设计的获奖作品——可再利用毛巾，只是在毛巾上增加了几道缝线，设计几乎不增加何成本或复杂工序，可沿着加固的缝迹把大块的用旧的浴巾剪成需要的大小，其边缘不会掉毛，可继续当作抹布或毛巾使用，使物品的使用价值得到最大延长从而被充分利用，从其背后我们可以感受到设计的用心，即意识到所有的设计都是以消耗地球资源为代价的，从而显现出设计者的责任意识以及对"怎样做才是更好"的价值选择。

　　美国国家航空航天局于 1977 年发射的一艘无人外太空探测器——旅行者 1 号（Voyager 1），2012 年 8 月，"旅行者 1 号"成为第一个穿越太阳圈并进入宇宙介质的宇宙飞船，并将在

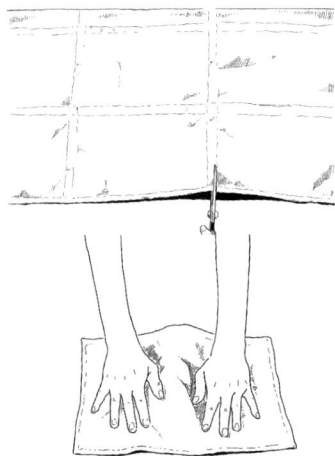

○无印良品第二届设计大奖（Muji Award 02），金奖作品　被更久使用的毛巾

2025年之后与地球彻底失去联系。旅行者1号上携带了一张铜质磁盘唱片，内容包括用55种人类语言录制的问候语和各类音乐，另外，磁盘上还有115幅影像，包括太阳系各行星的图片、人类的性器官图像及说明等，这些数据旨在向"外星人"表达人类的问候，也许永远不会被解读或得到回应，但已故美国天文学家、科普作家卡尔·爱德华·萨根（Carl Edward Sagan）还是高度评价这一举动的意义，他说："向浩瀚的宇宙中发射这个东西，表明这个行星（地球）上的生命的未来还是很有希望的。"从广义来看，这个人类伟大创举的事例应该也属于设计行为。

中文对于"设计"词意的解释："设"意味着创造，"计"意味着计划与安排，结合设计意图的观察，我们会得到较为统一

○ 旅行者1号的黄金磁盘

的认识——即设计是人类实现其梦想的计划。这里面的两个关键词"梦想"与"计划"意即："为什么设计"与"怎样设计"，点明了学习设计首先需要从设计价值观与方法路径入手，因为"怎样的梦想"是基于价值取向的，而"可行的计划"需要掌握有效的工作方法，因此"设计教什么？"的问题也正是：设计教育塑造与启发怎样的"梦想"以及寻求怎样通过"计划"实现。

今日的世界正是前人为其梦想实施计划的结果，正如中国设计顺应了经济的迅猛发展，而同时也显现出诸多问题，例如在商品经济消费导向"逐新"与"逐洋"的心理影响下，我们渐渐迷失了自己的"梦想"，不再取材或审慎关注于我们的真实世界，也更无暇顾及合理的"计划"。某种意义上而言，传统的设计基础教育更加剧了这一现象，平面、立体、色彩三大构成加造型训练，一定程度上促进了设计形式表现手段与能力的培养，但缺乏设计价值和责任的思考与系统性方法的实施，只能够让模仿更加驾轻就熟。也不应忽视，物质财富创造过程"从无到有、从少到多、从旧到新"的快节奏变化，也催生了实用主义的设计价值观，片面强调人的需要的设计，也包含了对负面价值需求的满足，单方面追求物质的满足或财富追求，更加凸显精神层面"文明"与"文化"的危机，并带来资源浪费、环境污染、生态失衡等诸多问题。

"面向未来"是当今高频出现的词汇，在设计或设计教育领域常见以此开头的论述、倡导或提问，侧面展现出我们面对变革、转型与重建的信心与忐忑的交集。设计教育面对层出不穷的新生事物，将焦点聚集在未来正在和即将发生的新技术层面，如人工智能、共享经济、大数据、物联网等，科技促使这一进程逐渐加速，忙于顺应技术变革使设计教育对新事物缺乏审慎的研究和设计价值的系统性思考——即缺乏对需求、技术与关切的整体协调和把握。"新生事物"还将接踵而至，比如与人体器官相关的设计、融合设计、智能系统设计、干预设计等尚不为人知或即成现实的新概念、新职业，我们该以怎样的姿态面向呢？事实证明，抱有"弯道超车"心理，在软件、技术与样式上的快速学习，并不能带来核心创造力，也更加远离了设计和谐、可持续的精神与文化价值。一味向前看只能产生焦虑与空泛的设计，或许最好的途径是回首看中国设计如何一路走来，总结改革开放以来随着经济的发展，设计和设计教育受到西方的影响，设计是如何应对社会的发展，如何参与社会建设，如何塑造影响今天人的消费、审美与文化心理，这将给我们一个提醒："设计教什么？"首先摒弃单纯的技术观与实用观，引领设计创造从中国人的真实生活出发，树立坚持实事求是、和谐生活、自然平衡与文明进步的积极的设计价值观，即设计教育首先是为"创造性人才"培养奠定的"价值梦想"的基石。

怎样的计划

继而，掌握可行的操作路径以实现梦想，即"计划"环节，

DON'T DESIGN FOR DESIGNERS.

DESIGN FOR PEOPLE.

○蒂埃里·布鲁佛 (Thierry Brunfaut)，"不要为设计（师）而设计，设计为大众。"

也是中国设计教育所必须重视的设计方法论建立，同时也是真正保证"原创"，立足自我需求与语境，实现有价值创造的方法基础。大卫·格鲁斯曼（David Grossman）①在2017年中央美术学院发起的"未·未来"设计教育论坛上准确地指出了中国过往设计教育的问题，"单纯关注技术、软件的学习以及从设计的结果与表现中学习，较少关注设计计划与调研的科学方法"。当遇到需要具体解决问题的课题，需要从概念出发，依赖设计方法协作、沟通、进行有效工作的时候，我们培养的设计人才明显暴露出缺乏创新和解决问题能力这一短板。自20世纪80年代开始，大学设计教育培养的几代设计师，如今多数已过中年，在诸多关于设计教育与实践的交流当中，对中国设计现状所指出的问题也集中在：长于对形式的模仿而缺乏切实、由衷的表达，设计形态一派"西方化"却缺乏本土文化自信，设计目的盲目追求"高、大、上"却缺乏对大众的关切与温暖沟通。解决以上问题，需要设计教育面对设计为人民服务的"初心"，对设计专业的教学建构有整体与清醒的再认识。

参照沙漏形的教育课程结构，我们首先来看各设计学科与专业——在大幅扩张的设计应用领域以及迅速拓展与交融的专业边界情况下——辨识其专业核心与边界。专业核心指一个设计专业相对于其他设计专业的区别，是一个设计专业不可替代的识别，

① 大卫·格鲁斯曼（David Grossman），国际设计组织联合会ico-D主席（2015～2017任职）。

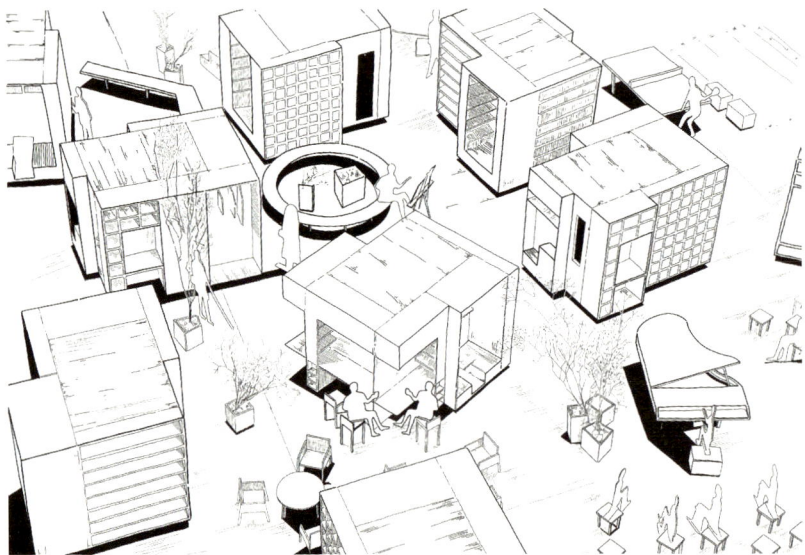

○ 青山周平，House Vision 理想家 400 盒子的社区城市。

在为展望未来居住设想的作品当中，由于其在北京有长期生活的体验，胡同文化中人与人之间的紧密联系引发了他关于人居的思考，青山周平将"家"中植入居住、工作、学习、生活、交流的多重城市功能。他说自己想成为建筑师，不仅仅是简单的建房子，而是要不断地探索现代社会中适合人与人关系的建筑形态，这种共同状态创造出令人愉悦的城市居住氛围。

从设计价值角度看这不仅仅是在做房子的设计，而是对如何摆脱"一生供房按揭"生活的思考，从生活方式上探索根本的解决方案，这种解决方案不是权宜之计，相较于"更大、更高科技、更富有"的设计观，是在为年轻人设计可及的未来与希望。同时，创新设计发现、延续、凸显了旧有生活体验中有价值的部分，是对社会生活诚实与尊重的回馈，将社会文化基因做发现与重塑延续，也正是建立文化自信的可行路径。

这启发了我们对于"近未来"与"远未来"创造设计价值的思考，根据需求次序的逻辑，中国社会现实正亟待解决"近未来"的发展与进步，为其带来可及的、落地的解决方案，与此同时设计师与创造群体还需为"远未来"肩负思考与引领、探索的责任。"近未来"的表现佐证了"远未来"是否合乎科学发展，为"远未来"的探索绝非好高骛远与沽名钓誉式的设计炫技。

○ 维克多·巴巴纳克（Victor Papanek, 1923-1998），奥地利裔美国设计师和教育家。

维克多·巴巴纳克在其 1971 年的著作《为真实的世界设计》（*Design for The Real World*）中提出了设计伦理的观念以及自己对于设计目的性的思考：即设计应该为广大人民服务；设计不但应该为健康人服务，同时还必须考虑为残疾人服务；设计应该认真考虑地球的有限资源的使用问题，设计应该为保护我们居住的地球的有限资源服务，其对现代设计伦理与目的的严肃思考对西方设计产生了深远的影响。此书的中文版于 2012 年出版，这"迟到"的40 年也许可以从侧面显示期间中国设计在设计价值思考、认识与教育的缺席。

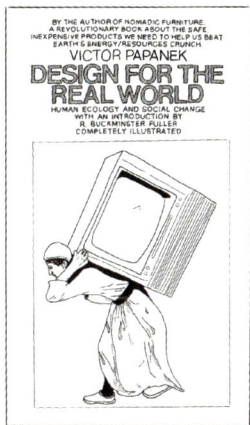

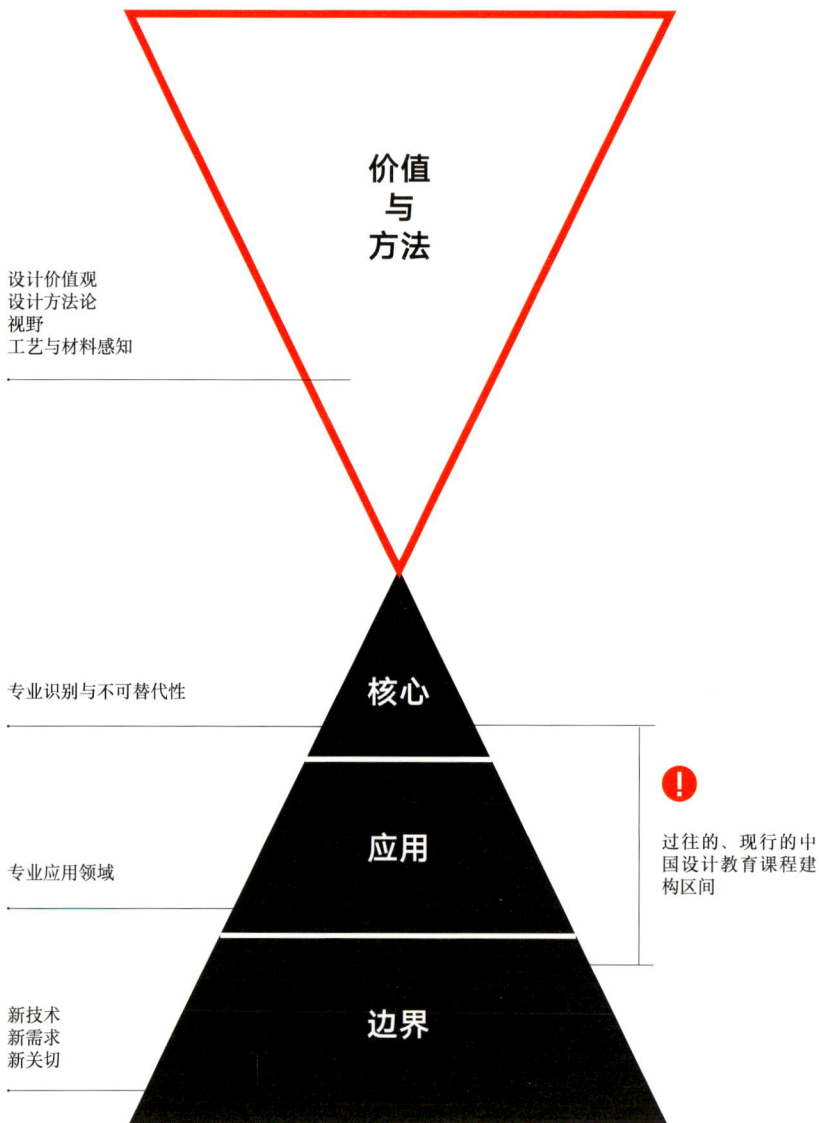

价值
与
方法

设计价值观
设计方法论
视野
工艺与材料感知

专业识别与不可替代性

核心

应用

过往的、现行的中国设计教育课程建构区间

专业应用领域

新技术
新需求
新关切

边界

从设计价值的角度也可以解释为"有所为，有所不为"的部分。例如视觉传达设计相关字体设计、信息层级、图形语言与视觉思维等内容。应用设计领域指该专业的主要设计服务领域，专业的边界即新技术、媒介或价值影响下与该专业相关的拓展性研究或应用领域，具备多学科融合的跨界特征。边界的拓展极大地影响着应用领域的变化，也使专业核心能力对新事物做出新的适应。例如传统平面设计以二维、静态、纸张介质印刷的主要特征受技术与媒体的影响，在应用领域视觉形态向着动态、交互与界面媒体发展，并在一定程度上改变了信息被观看的方式以及为适应新介质做出的调整，但专业核心能力始终是成功跨界的保障。

近四十年来，中国设计教育恰好伴随信息时代专业应用、边界领域的急剧变化，为满足不断变化的人才市场与就业需求，课程设置与培养实效始终停留在以适应应用领域变化为主、被动消化部分边界拓展、简略专业核心素质培养的狭小区间。面对新事物，采取"加一门课"的方式应对，这一点在近二十年尤为明显，使本科有限的学习时长挤满短小、密集的课程。

建构在这个沙漏图形下方正三角区间的设计教育，即以技术为中心和基于既有思维模式的创新观念，很难培养出真正有创作原动力并能够体现设计创造价值的设计师，更无法适应社会发展带来的新挑战。结合沙漏形图示可以看出，在不同层面培养的设计人才质量以及其工作与生存状态。追逐新技术与媒介的学习，

If you can
design
one thing,
you can
design
everything.

○ 马西莫·维格尼利（Massimo Vignelli）， "如果你能设计一样东西，你就
能设计所有东西。"

可以创造新颖的表现，应用设计的培养会使学生更快获得工作机会，但大学设计教育还需要面对如下的问题：1. 技术层面的快速迭代与变化，使缺乏价值倡导与可持续价值的新事物只能是昙花一现；2. 应用设计能力常常滞后于社会发展，事实上多数毕业生承认其实际能力的提高是在工作中获得的；3. 设计无法有效引领社会与文化创新；4. 大学设计教育与社会技术培训的边界模糊、内容同质；5. 模仿新形式以掩盖专业核心素养低水准的趋势；6. 工作状态紧张焦虑，缺乏成就感与被尊重。

以上的问题都促使我们思考更加完整与可持续的设计教育模式，即面向未来培养促进社会与文化创新的优秀人才，教育建构与内容需要平衡科技创新、技术创新与价值创新三个部分。即为设计的核心概念："梦想"与"计划"，建立有积极价值理想并掌握有效实现路径的人才培养模式。

价值与方法作用在漏斗形结构的前端，完善与完整的教学结构应当正视与注重设计价值观的培育以及由科学的方法引导可行的创造行为，并为设计研究与学习奠定扎实的设计思维与方法基础。设计教育中渗透与关注设计价值观的思辨与探究，决定了学生设计概念的方向、设计动机与解决问题的出发点，还直接作用于元素取材的方向，也将从根本上解决模仿或复制的趋利设计现象，并为文化自信奠定重要的文化尊重基础。设计方法论是将设计看作科学的、符合逻辑的思维与实施过程，并认为需按照一定的方法模式才能够实现设计的达成，尤其在设计需要沟通与分工、协作完成的当今，培养和掌握设计路径是面对、驾驭应用与边界扩展的关键解决之道。

设计教育的可行性也必须建构在有"法"可循之上，这是现代设计区别于传统手工艺创作与前工业时代最重要的不同之处。面对应用与边界的变化，我们依旧需要方法框架以应万变，世界著名设计师马西莫·维格尼利的海报文案："如果你能设计一样东西，你就能设计所有东西"，这句话为我们很好地揭示"设计一样东西"的背后，掌握设计思维与方法对设计的重要性。

因此，为了使设计能够创造积极价值并步入可持续发展模式，有效促进社会与文化在本土化、竞争力与影响力的创新发展，现代设计教育，需要在专业核心技能、应用设计技能与边界适应能力之上，通过解决高维部分即设计价值与设计思维方法的学习来实现。设计思维的探索与学习均不能通过一门课速成，却贯穿并指导作用于每门课、每次实践的过程，设计价值观的养成更像一株植物的培育，教育扮演播种与营养、土壤改良的角色，在方法培养的实践当中，教育将使设计沿着科学、理性与逻辑扶植其健康成长。基于此框架的设计通识基础教育，应是促进学生开始接触并尝试掌握设计思维与方法的训练，使之在日后面对专业核心、应用与边界的学习与掌握当中不断地得以锤炼，包括大量的试错并战胜挫败感，并在一开始播种设计价值与创造者的责任意识，促使进入完整的现代设计教育理想轨道，以实现培养出有理想、有路径、可持续发展的设计人才。

第二讲

认识设计思维

关于创造的思维导向

设计行为的历史由来已久，从世界范围看，早期人类创造工具和绘制图像，到工业时代设计逐渐深入参与社会、文化、产品、服务、沟通等复杂问题的研究与解决，设计师在实现技术可行性、商业化需求和人文关怀之间的平衡方面付诸了大量的实践与研究。自进入 21 世纪以后，我们愈加强烈地认识到工业化过程在使我们摆脱贫困与提升生活质量之外，并不足以有信心面对资源浪费、环境污染、地区发展不平衡等诸多问题，在共同经历商业化的进程中，"曾经的创新性突破已经成为今天的常规流程"，生活中充满短期带来商业回报的设计，站在我们更加长远的利益角度，我们不能将新产品与创新画上等号，如同维克多·巴巴纳克（Victor Papanek）对商业趋利理念下的所谓的"新事物"指出的真相："消费主义在劝说人们，用自己没有的钱去买自己并不需要的东西，只是为了给那些其实并不在乎他们的邻居留下深刻的印象"。从发展中的中国来看，我们以令世人瞩目的成就创造和解决了"从无到有"的发展阶段，在从西方渐进式发展的经历中获得经验与参考的同时，设计在平衡可行性、商业利益与人文关怀三个层面，一定程度缺失了在探索过程中试错、失败的宝贵体验与锻造。此刻，我们又需要与全世界一起面对未来社会发展对创新提出的新的挑战与要求。

今日与未来的创新已不再仅指"新产品"的供应，设计将更多地在新服务、规则、模式中体现其价值，社会发展需要一种更加广泛与高效的创新方式：即从满足商业利益与消费导向转向社会与个人需求的平衡的设计；从局部的权宜之计转向以人类共同体的普遍问题的解决，以及从功能性迭代转向创新变革的策略设计。这一需求促使设计师从"设计技术者"向"设计思考者"的方向转变，并需要将"像设计师一样思考"的方式整合到从商业到社会的各个层面，以洞察、实验、模型为主要特征的设计思维，即是面对这一系列新需求的思维导向。①

设计思维与通常定义下的设计不同，设计是一种活动过程，而设计思维通常被定义为一种思维方法导向，是以人为本、以用户体验为核心的创造性方法论系统，包含了与用户建立共情、信息归纳与定义、创意与灵感触发、使创意付诸实践的方法导向。设计思维虽然以"设计"引出，却并非只属于设计师的思维方法

---

① 娄敏. 在巡视中发现、解决问题 [J]. 幼儿教育：教育教学 (4).

论，事实上设计思维倡导发掘"所有人"都具备的突破性问题解决的能力，设计师的角色从"为民众创造"转向"与民众一起"创造，使设计成为创新的主干而并非局部环节，作为一种可遵循的创造性解决问题路径、思维导向范式，被广泛应用于商业、教育、管理等领域；其核心强调以用户研究为中心，帮助人深入理解问题产生的背景，发现问题背后隐藏的需求，催生洞察力及解决方法，并且能够理性地分析和找出最合适的系统解决方案。

设计思维（Design Thinking）这个词首次出现在1987年的《设计思维》（*Design Thinking*）一书中，当时哈佛设计学院的院长彼得 G·罗[①] 提出设计思维的概念，它为设计师和城市规划者提供了一套实用的解决问题的依据。但关于"设计思维"的起源则可以追溯到更早时期：1969年在《人工制造的科学》（*The Sciences of the Artificial*）中赫伯特·西蒙（Herbert A. Simon）[②] 将设计思维定位为一种思维方式；在1973年《视觉思维的体验》（*Experiences in Visual Thinking*）中，麦克·金姆（Robert McKim）[③] 则更多谈及了设计思维应用于工程设计领域的内容。而在设计思维被正式提出之后，更多的人被其吸引并参与其中，

① 彼得 G·罗（Peter G. Rowe）：哈佛大学建筑与城市设计专业教授，是世界著名的城市规划、城市设计专家。
② 赫伯特·西蒙（Herbert A.Simon）（1916-2001）：美国心理学家，卡内基梅隆大学知名教授。研究领域包括设计认知心理学，计算机科学，公共行政，经济学，管理学和科学哲学多个方向。
③ 麦克·金姆（Robert McKim）：著有《视觉思维的体验》（1973）。最早提出"视觉思维、视觉理念"的理念，其理念为设计思维前身。

设计思维的历程

设计思维的应用远远早于设计思维理论的提出，在早期人类制造工具的过程中已经开始了观察、原型与测试，人类在早期生产和生活中依靠直觉设计与经验设计等设计方法。

对于设计方法理论的探索源于工业革命之后人们对于工业的更高要求。20 世纪 60 年代初工业快速发展，工业发达国家之间的竞争日趋激化，许多国家开始研究设计方法对于工业生产的影响，英国伦敦国际设计方法会议的召开被认为是设计方法学成为正式研究领域的里程碑。

英国、德国、美国、日本等多个国家相继开展了对于设计方法与理论的探索，英国成立了如设计研究学会等多个机构组织研究设计方法论，美国的赫伯特·西蒙出版的《人工制造的科学》对设计方法与分类提出新定义，其中包括设计思维。

《为真实的世界设计》描述了设计对于社会、人类以及自然生态环境的责任，作者维克多·巴巴纳克强调了设计作为有创造力、以人为本的跨学科工具对于人类的重要性，这个观点引发了许多设计从业者和理论家对于设计价值与方法的探索，这一时期也是设计思维范式的起点，设计思维领域的研究开始发现"什么是设计"以及解决"如何将设计作为一个过程和活动加以改进"的问题。

霍斯特·里特尔（Horst Rittel）、梅尔文·韦伯（Melvin M Webber）以及麦克·金姆等人将设计研究与现象学、工程设计领域相联系，倡导以科学的设计方法为生产工具，避免不良设计对于人类和地球的破坏。

20 世纪 80 年代是设计思维方法与多个领域合作的时期：人机交互领域的研究者开始探讨思维对于日常生活中各类设计的影响，具有城市规划背景的美国哲学家唐纳德·舍恩（Donald Schon）强调自我反思对于设计工作的重要意义，1983 年舍恩在《反思实践者》（The Reflective Practitioner）中的观点为设计思维过程中的测试步骤提供了理论依据。经过多次跨领域的设计实践和理论研究，设计思维的概念逐渐清晰。

1987 年彼得·罗在《设计思维》中描述了城市规划者在设计工作中使用的方法，这是"设计思维"一词首次正式提出，设计思维的概念自此产生。

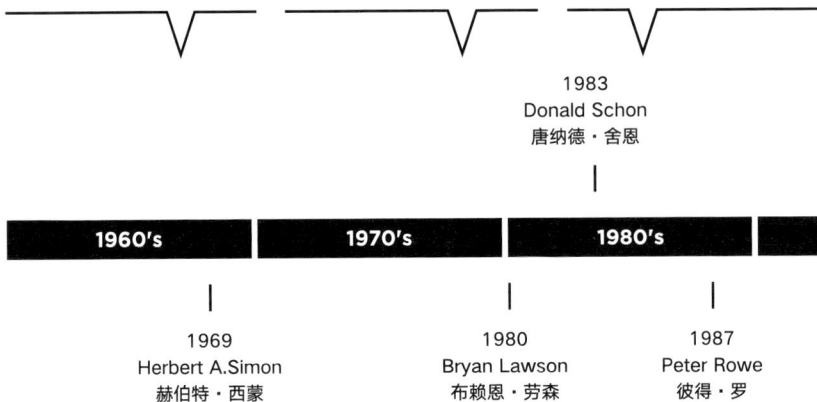

1983
Donald Schon
唐纳德·舍恩

1960's	1970's	1980's	

1969
Herbert A.Simon
赫伯特·西蒙

1980
Bryan Lawson
布赖恩·劳森

1987
Peter Rowe
彼得·罗

1991 年大卫·凯利创立了全球知名设计公司 IDEO，将设计思维作为 IDEO 进行工作的核心思想，IDEO 还曾在公司总部所在的 Palo alto 地区多次举办设计思维工作坊以及非营利的公益活动，成功向全球推广了设计思维工作方法。

理查德·布坎南在他的多本著作中介绍了设计思维的理论和应用，他认为设计思维是一种适合不同职业人群且涉及多个领域的优秀工具。

2004 年，大卫·凯利作为斯坦福大学的教授创办了斯坦福大学哈索·普拉特纳设计学院，并在学院中教授关于设计思维的课程，因此人们通常认为设计思维来源于 IDEO。

2007 年斯坦福关于设计思维的教学模式传入德国波茨坦大学，成立了 HPI 设计思维学院。

多个国家和领域的工作者借助设计思维的工作方法：简·富尔顿·苏瑞（Jane Fulton Suri）在 Thoughtless Acts? 中介绍了观察对于设计灵感产生的重要性，IDEO 创始人之一的比尔·莫格里奇（Bill Moggridge）设计了首款现代笔记本电脑，芬兰阿尔托大学的新兴设计实践教授阿拉斯泰尔·福阿德－卢克（Alastair Fuad-Luke）倡导设计思维的研究与实践，并运用设计思维推动可持续设计的发展等。

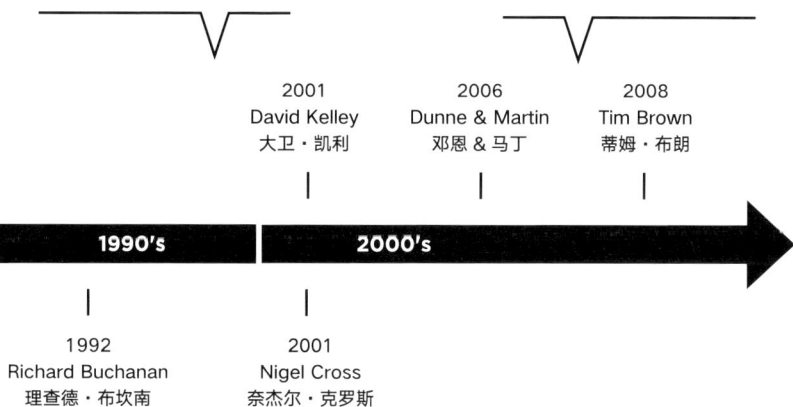

2001
David Kelley
大卫·凯利

2006
Dunne & Martin
邓恩 & 马丁

2008
Tim Brown
蒂姆·布朗

1990's

2000's

1992
Richard Buchanan
理查德·布坎南

2001
Nigel Cross
奈杰尔·克罗斯

○设计思维的历程，修改自 Tim-Benjamin Lembcke, Towards an understanding of success dimensions in Design Thinking education, 2016

023

设计思维沿革大事记

1956 年，巴克明斯特．富勒（Buckminster Fuller）在麻省理工学院的创意工程实验室正式开始教授综合预测设计科学（Comprehensive Anticipatory Design Science, CADS）。在这个实验室中，设计在工程、材料、工业、化学、机械等知识基础上与科学方法结合并创新；设计师的角色转变为艺术家、发明家、机械师、客观经济学家、进化战略家等多领域综合体，设计成为一项多领域合作的活动。

从 20 世纪 60 年代开始，肇始于斯堪的纳维亚地区的合作设计在人机交互和服务设计方面有许多发展；与只有客户与设计师参与的传统设计不同，合作设计是所有利益相关者都参与设计的方法，从设计项目的发起者到可能被设计影响的社区成员，都被认为是能够影响合作设计项目的合法利益相关者，这些人的角色从被动的受设计项目影响到积极承担设计中的角色和责任。合作设计的方法到今天仍然存在，其目的、过程与 20 世纪 60 年代的包容性、民主性相同，并且有越来越多专业和利益相关者参与其中。

1969 年，赫伯特·西蒙出版了《人工制造的科学》，其中为设计提供了一系列新的分类和参数，并将设计思维定义为一种思维方式。西蒙认为，所有设计的东西都应该被看作是人为的而不是自然的，工程师并不是唯一的专业设计师，每一个想方设法来改变现状的人都是设计师，生产人工产品与企业制定销售计划、学校教学课程设置、国家制定社会福利政策都是设计的一个门类，每个人、每个领域都可以设计出旨在将现有情况转变为首选情况的行动方案。由此也可以看出，西蒙将设计定义为一种思维方式，而非现实操作过程。

1973 年，霍斯特·里特尔和他的同事梅尔文·韦伯首先制造了 "Wicked Problem（棘手的问题）" 一词。他是最早尝试定义设计理论，同时专注于设计方法的研究者之一。他提倡人类在设计时的经验和感知的重要性并首次将现象学引入到经验设计中；在《视觉思维的体验》中，麦克·金姆描述了与工程设计领域合作的设计思维。

1982 年，曾是人机交互领域的研究员奈杰尔·克罗斯（Nigel Cross），在他的开创性著作《设计师式认知》（*Designerly ways of Knowing*）中探讨了什么造就了设计师的思考方式并且做出不同于其他专业、有巨大影响力的决定，这有助于设计思维的建设。"每个人都能并且正在做设计。我们开展新事物时，无论是新版食谱、客厅家具的新布局，或是在个人网站更新一次旅程……我们都是在设计。因此，设计思维是人类认知中固有的东西；它是我们生而为人的关键部分。"

具有哲学和城市规划背景的唐纳德·舍恩，反对 20 世纪 60 年代设计职业的技术合理性，在 1983 年的《反思实践者》中强调了自我反省对成功设计过程的重要性。他的工作不仅极大地影响了设计，而且影响了组织学习领域。

1987 年出版的《设计思维》中，彼得·罗首次引人注目地使用了设计思维这个词语，它为设计师和城市规划者提供了实用的解决问题程序的系统依据。至 1991 年，大卫·凯利将同事罗尔夫·法斯特（Rolf A.Faste）关于设计思维的活动融入了设计公司 IDEO 的商业活动中，此后，IDEO 成功推广了"设计思维"和"以人为本的设计"这一术语，在斯坦福大学推出了相关教育项目。IDEO 的管理和教育工作者的长期成员，大卫·凯利和汤姆·凯利（Tom Kelly）拥有从设计到企业管理的技能，他们合作出版了一本关于释放创造力的书 *Creative Confidence*，点明"（设计思维是）用工具和设计从业者的思维方式来寻找人类的需求并创造出新的解决途径的一种方法。"

工业设计师和 IDEO 的首席执行官蒂姆·布朗一直是设计思维和创新的伟大倡导者。他为非设计者们写了许多文章，其中在《IDEO, 设计改变一切》（*Change by Design*）一书中介绍了设计思维，他认为，"设计思维是一种以人为本的创新方法，它借鉴了设计师的工具包，将人们的需求、技术的可能性和业务成功的要求结合起来"，同时，"设计思维是一个通过运用设计者的敏感性和方法，考虑什么是技术可行的和什么样可行的商业策略能够转化为客户价值和市场机会，以匹配人们需求的学科。"为了在当今复杂的世界中生存，组织需要产生、接受和执行新想法（设计思维），这需要创造力和具有创造性的员工队伍。这是个秘方，或者从进化的角度来看，它是让你适者生存的方法，没有设计思维的组织无法在竞争中生存。

理查德·布坎南在 1992 年发表了《设计思维中的难题》。他绘制了一条从设计思维到创新及其应用的道路。他后来在 *Design as a New Liberal Art* 中提到设计思维时，他指出，设计作为一个职业是"整合的"，也许是因为它缺乏专业性，它有潜力连接许多其他学科。

1999 年，实验心理学和人类学研究者莉兹·桑德斯（Liz Sanders）也成为应用设计研究的先驱，当今以人为中心的设计和设计思维中使用的许多工具、技术和方法都可以归功于莉兹，她与人合著的 *Convivial Toolbox*，给对设计研究产生过程感兴趣的任何人做出实用的指南。

埃齐奥·曼齐尼（Ezio Manzini）是 DESIS 的创始人之一，也是慢设计（Slow Design）的支持者，曼齐尼的作品以参与性设计为基础，关注可持续发展并聚焦于包容性的想法和可持续性测试。在他的书籍和项目中使用了许多服务设计工具，与斯堪的纳维亚合作设计的风格相似，在曼齐尼的项目中，设计师成为调解人的角色，"社会创新设计是专家设计可以激活、维持和指导社会变革过程向可持续发展的过程。"

黛博拉·塞贝科（Deborah Szebeko）是 thinkpublic 社会设计机构的创始人，专门从事公共部门和 NGO（非政府组织）的设计和创新，重点关注协同设计和社会问题；thinkpublic 拥有多元化的设计师，包括服务设计师、图形设计师、信息设计师、程序员、营销人员、社会科学家、积极的心理学家，甚至人类学家，这种参与者的多元化带来了不同技术的混合与创新，创造出了一个"共同设计过程"，thinkpublic 通过这个过程准确全面地捕捉大众的感受。

1991 年戴维·凯利[①] 围绕设计思维这一核心思想创立了 IDEO
公司，这是现今全球最大的设计咨询机构之一，通过 IDEO 公司
成功地将设计思维应用于商业领域之中; 随后, 1992 年理查德·布
坎南（Richard Buchanan）发表了"设计思维中的难题"（*Wicked
Problems in Design Thinking*），阐释了更广义的设计思维，设计
思维在解决棘手问题方面的成效卓著，影响范围也扩展到了全球
各个领域。

　　经历了几十年的集成，设计思维逐渐积累了多种有效的创新
工具，例如用户调研、头脑风暴、产品迭代等，并且以人们生活
品质的持续提高为目标，依据文化的方式与方法开展创意设计与
实践，继续拓展自身内涵。其关注点和工作过程一直都是以人为
出发点，如蒂姆·布朗[②] 所说："设计思维不仅以人为中心，而
且是一种全面的、以人为目的、以人为根本的思维……，这种方
式应当能被整合到从商业到社会的所有层面中去，个人和团队可
以用它创造出突破性想法，在真实世界中实现这些想法并使它发
挥作用。"[③]

---

① 戴维·凯利（David Kelley）: 设计公司 IDEO 的联合创始人，其以用户为
本的创新设计闻名全球。斯坦福大学机械工程系的教授，斯坦福大学设计学
院 d.school 领导者及创办者，培养具有创新精神和跨领域整合能力的设计者。
② 蒂姆·布朗（Tim Brown）: IDEO 设计公司首席执行官。
③ 蒂姆·布朗，IDEO. 设计改变一切 [M]. 沈阳: 万卷出版公司，2011.

设计思维所强调的"以用户为中心"是相较于"以产品为中心"的方法论视角，然而以人为本的设计实践经验可以追溯到工业革命前，手工艺人通过当地作坊以设计、生产、销售一体化的形式提供产品，由于产品的生产、销售和使用过程大多都集中在临近社区，生产者与消费者共享外部环境，并且生产者通过紧密的社区关系对消费者进行深入了解，提供满足需求的定制化产品，还可以及时收到消费者的使用反馈对产品进行改进，主张以人为本的设计思维具有久远的经验基础。[1] 有趣的是，"用户"并非全知全觉，大多数情况下用户并不清楚自己想要什么或怎样会更好，就像福特汽车的创始人亨利·福特（Henry Ford）所言："如果问客户对交通工具的改进有什么期望，他们会说需要一匹更快的马"。因此"以用户为中心"也需要在对用户体验普遍认识的基础上进一步移情洞察，以感知潜在的需求，追求更有价值与创新意义的结果，不止通过用户的语言或者问卷调查答案来进行判断，而是要求设计师深入了解用户的生活环境、思维观念、情感感受，甚至是将自己投入到用户的体验环境之中，发现用户自身都没有意识到的深层需求。这个建立同理心的移情要素是设计思维重新定义设计方法论的重要特征，相关能力与素养的培养也被作为设计创造的基础环节，例如教学当中会让学员坐在轮椅上几个小时去思考，以提示设计师如何设身处地地去体验客户的需求，从洞察中获得洞见。

---

[1] 李可欣 . 设计思维：以人为本的社会创新 . http://business.sohu.com/201508
05/n418182877.shtml.

区别于传统的设计方法，设计思维以移情为起点和中心，进而展开定义、设想、原型、测试等若干步骤，共同构成了整体理性的设计思维完整过程，兼顾整体与部分、重视实践的规则使设计思维更加具有科学性，因此也可以通过方法的训练使每个人都可以拥有和应用思维方法。依照设计思维可以促使设计师融入用户的环境，认真观察，仔细体验用户的真正需求和设计方向，提出尽可能多的想法，通过实证的方式自主决定取舍并加以改进；在设计思维的过程中，每一个想法中都蕴含着无限的可能，工作的准则不再依靠以往的经验或陈规范式，在工作中，每一个成员的想法都容易被尊重和讨论，并提升了设计师创新实践的自信和能力。

虽然设计思维是立足于科学的原则和方法之上的思维方法，但它有别于普通的科学研究方式，包含了追求人与社会长久和谐的设计观念，兼顾创新设计和人的情绪感受，比理性的科学方式蕴含更多的人文意义和情感关怀。IDEO 中国设计主管金葛认为，"关注人就一定会去关注一些社会背景，解决一些社会问题。所以自然而然地就会产生商业与社会的跨界。同时，参与这种以人为本的设计的人，也会有一种天然的倾向，不单单只去考量商业利益，也希望去实现一些社会价值。"

过去我们倡导的"为他人着想"主观意识较强，是一种保持自设立场的思维方式，并没有做到真正意义上的共情。更重要的是，设计思维欢迎各个领域、各个行业的人才来共同参与一项工作，这种新的组织方式打破了之前无法拓展的思维方式，同时这种包容性也使得设计思维具有可扩展性：它不仅适用于传统的"设计"主题，还适用于各种社会、经济、思维问题，任何与人相关的、需要创新的问题都可以凭借设计思维来提出颠覆性和变革性的解决方案，不同学科背景的人一起来了解、探讨和解决社会现实问题是设计思维最为主要的项目，婴儿保温箱、治疗小儿马蹄内翻足、太阳能供能产品等都是聚焦于弱势群体促进社会发展的项目，设计思维也是引发设计师承担社会责任，大众关注社会现实的途径之一。

具备开创与引领意义的设计往往来自非凡的深刻洞见，就像乔布斯重回苹果后以 iPod、iTunes、iPhone 为代表的革命性产品，因其预言性的先锋意义对今日社会的各个方面都产生了深度的推动与影响。表面上看这更符合以产品为中心的设计视角，但事实上显示出设计思维倡导的以人为本和关注社会问题的价值，体现了一种新的设计态度、思维和沟通方法。设计师并非简单的用户体验的转换工具，其创造性的角色使其肩负价值洞见与倡导的责任。随着环境的每一次演变，都会出现一系列新的未满足要求，设计思维作为解决问题的方法之一，促进了突破性的创新，作用于改变世界的方方面面。

设计思维与设计人才的培养

经过六十多年的演进，设计思维在美国、德国、中国等多个国家和地区实践和教学，优化了设计工作效果和设计通识教育。针对设计思维的课程培养最先由斯坦福大学提出并实施。20 世纪80、90 年代，斯坦福教授、美国著名设计师、设计教育家罗尔夫·法斯特（Rolf A.Faste）把麦克·金姆的理论带到了斯坦福大学，并在斯坦福大学举办了"斯坦福联合设计项目"，且一直担任该项目的主任。以"斯坦福联合设计项目"的成立为基础，2003 年，斯坦福大学机械工程系的教授戴维·凯利创办了 D.school ①（The Hasso Plattner institute of design at Stanford ）。在 D.school 任教的巴里·卡茨（Barry Katz）表示，设计思维不应该被简单地理解为一种做设计的方法，而是一种看待、定义问题的方法。

与关注产品创新的传统设计教育机构不同，D.school 的教学宗旨是借助设计思维的广度来加深各专业学位教育的深度，研究所人员由跨学科跨行业人员组成，分别来自工学学院、艺术学院、管理学院、医学院、传媒学院、计算机科学学院、社会科学院、理学院等，也没有常规意义上属于自己的学生和学位教育，

---

① D.school (The Hasso Plattner institute of design at Stanford)，斯坦福大学哈索普莱特纳设计学院，斯坦福大学机械工程系的教授戴维·凯利于 2004 年创办。

D.school 为斯坦福大学的所有研究生授课，并通过教学和项目促进不同专业学生之间的合作，注重培养复合型的创新人才。

2007 年，哈索·普拉特纳（Hasso Plattner）[①]在德国波茨坦成立了 HPI 设计思维学院（Hasso Plattner Institute），每年为 160 名来自不同研究领域的学生提供在多学科团队中学习的机会，同时 HPI 学院还为专业人士提供设计思维和与信息技术相关的各个领域的教育。HPI 与斯坦福大学保持着密切的合作，2008 年 Hasso Plattner 基金会启动了一项联合创新研究项目，即"HPI-斯坦福德设计思维研究项目"。

近年来，国内高校设计专业普遍开始关注和加强设计思维的教学，在借鉴国际院校相关框架与教学模式的基础上，依据中国学生的学习特点与现状探索相应的教学内容，将视觉思维、设计调研等内容作为配合设计思维基础教学的重要内容。我国台湾地区相对稍早在学校与企业间开设设计思维的训练课程，2012 年上映的《设计与思考》促进了"设计思维"理念更广泛的认识与思考，片中采访了蒂姆·布朗(Tim Brown)，罗杰·马丁（Roger

① 哈索·普拉特纳（Hasso Plattner），德国软件公司 SAP 创始人之一，创办致力于 IT 系统工程的研究和教学的非营利机构哈索·普拉特纳学院（Hasso Plattner Institute），该机构已经在波茨坦大学、斯坦福大学和开普敦大学建立了设计思维学校。

Martin)①，比尔·莫格里奇（Bill Moggridge）②，戴维·凯利(David Kelley) 以及世界上许多领先的设计思想家，记录了面对复杂多变的 21 世纪社会，商人、设计师、社会变革者做出过哪些共同的努力，记录了设计思维如何应用于商业、人如何使用创新设计思维改变世界等话题。其发行方式也不同于传统的设计纪录片，是由世界各大学校、团体邀约放映，已在 40 多个国家的 400 多个活动中放映，包括谷歌、微软、塔吉特、哈佛大学、西北大学、伯克利大学等，该部纪录片被福布斯选为"你不想错过的必看设计纪录片"之一，美国设计师协会执行长理查德·格里菲（Richard Grefé）③ 称这部纪录片是"设计领域的一大贡献"，这显示设计思维作为有效的方法导向正在中国获得更多的重视。

在相关的教学当中，建立在调研、测试、模型等一系列科学、理性的方法之上的，强调多领域合作的整体性思维，融合科学、理性、艺术、人文等多学科层面，参与者以更包容、更开放的视角进行工作和学习，课程最终目标是以培养学生们的批判性思维并建立创造性信心为主，从而改变技术或知识信息传授的培养模式。设计思维科学系统的教学方法，不以分数为准则的客观评估

---

① 罗杰·马丁（Roger Martin）：著名管理大师，现任多伦多大学罗特曼管理学院院长，曾于 Monitor Company 担任顾问，同时也是监测大学（Monitor University）的创办理事长。

② 比尔·莫格里奇（Bill Moggridge）（1943-2012）：现代笔记本之父。GRiD Compass 首款现代笔记本电脑设计者。1979 年于美国加利福尼亚州帕洛阿尔托设立公司。

③ 理查德·格里菲（Richard Grefé）：美国设计师协会执行长。

标准与开放包容的团队合作精神，为之后的设计教育实践提供了可借鉴的参考。国际上设计思维（D.school、ME310、XSEL 等）的实践教学中，大多为学生创造团体合作的环境和氛围，让学生在体验式学习的过程中，基于以人为本的原则，发现真实的问题。教学训练的原型和测试环节中，需要不断的重复测试和改进，在此过程中看待失败的方式要同成功一样，并通过大胆试错、沟通、纠正的过程为学生们建立起创造性的信心，有效地提升了学生的创新意识和思维能力，因此设计思维教学逐渐成为培养具有创造性跨领域人才的新模式。

设计思维的模式类型

一些通过设计思维方法进行工作的斯坦福项目参与者认为："设计思维就像是一本菜谱，每个人用它来烧出不同口味的菜，"设计思维为工作方法提供了一种思维框架，不同的活动其步骤、具体方法也会有所不同，我们可以通过比照不同的设计工作方法以及设计思维如何应用于设计教育，探究设计思维的内在主旨与关键。

斯坦福大学 D. school

IDEO 的创始人之一大卫·凯利在长达三十多年的设计实践过程中感受到设计思维可以作为一种通用方法论被广泛应用，他希望这一方法能让更多的人了解和应用，在得到 SAP [①] 的创办人

---

① SAP 为 "System Applications and Products" 的简称，是 SAP 公司的产品——企业管理解决方案的软件名称。SAP 公司（纽交所代码: SAP）成立于 1972 年。

哈索·普拉特纳的支持后，2005 年美国斯坦福大学成立了世界上第一所设计思维学院，即前文提到的 D.school。D.school 的创办者和支持者都意识到 "设计将日益成为一种协同作业，并且整个大学的学生都渴望看到自己是有创造力的。"

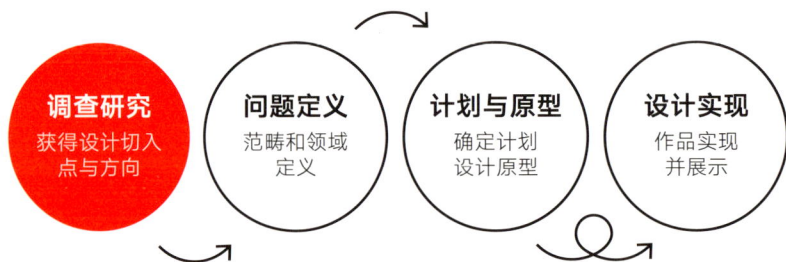

调查研究
获得设计切入
点与方向

问题定义
范畴和领域
定义

计划与原型
确定计划
设计原型

设计实现
作品实现
并展示

○ D.School 设计思维课程的四个关键环节

在斯坦福大学的设计思维学院中，一年的学制分为三个部分，其中包括 3 个月的授课、3 个月的小项目和一个 6 个月的大项目；在这为期一年的学习过程中，D.school 的课程内容不拘泥于传统的课堂案例教学，而是强调结合授课、实际案例分析与团队合作项目来开展和推进；通常情况下，学生需要参与整个项目的所有设计流程，包括通过调查研究找到设计的切入点和方向、定义设计涉及的范畴和领域、探讨确定设计设想、根据设想设计出全新的原型、收集用户的反馈以及用户体验的评估验证、根据收集信息调整原型等。项目结束之后，学生完成的设计作品的成果形式包括实物、软件、工作流程、商业模式、展厅展示等，课程学习成果不再仅凭借期末考试、产出的产品一锤定音，而是通过学生怎样在这个发展中的世界里改善人们的生活来评价。

D.school 的教学机制和课程设计迥异于寻常机构，不提供学位教育，其宗旨是以设计思维的广度来加深各专业学位教育的深度，因此并没有常规意义上属于自己的学生，而是将课程向斯坦福大学的所有研究生开放（学生都有各自的专业背景和基础能力），强调跨院系的合作；同时 D.school 的教师也来自不同的领域，每门课程起码配备两名教师，多的可以到五名，这是为了满足跨领域、跨学科的要求，教师组成中总有一名来自本学院的教师，另外的教师可能来自其他学院或者来自企业和社会机构，从教学安排上没有重视一般意义上的系统性，而是强调设计教育的针对性和实用性，回归到了设计的实践属性。为了最大限度地激发学生的创造力和合作精神，D.school 学院内的环境设计也与众不同，内部看起来就好像是为成年人准备的幼儿园游戏室：没有教室和黑板，但在墙上却贴满一张张白纸、设计图样和各种颜色的便利贴，色彩明亮的家具、开放式的空间比比皆是，大多数室内设施都旨在促进团队合作，例如很硬的座椅和不大的课桌可以鼓励学生们一直站着，走近彼此以便更密切地合作与相互激发，产生了无数奇妙的想法。

D.school 的课程设置有一个特点，即项目目标并非商业目标，而是聚焦于某个社会现实问题，比如第三世界国家的新生儿死亡率、电力不足等问题，甚至有如何促进美国两党重新合作的选题。当然，通过解决这些具体问题，也可以获得商业利益，但显然在这些项目中，商业利益已经不是学生们考虑的首要问题。在这些项目中，学生们通过调查研究人类价值观、技术和商业三者的交汇之处来识别问题和提出解决方案。桑妮·吉奥尼（Sunny Jeon）是斯坦福大学的在读博士生，她与同学开发的众包系统能够使在基贝拉的人们通过使用移动电话定位清洁水源。项目体现

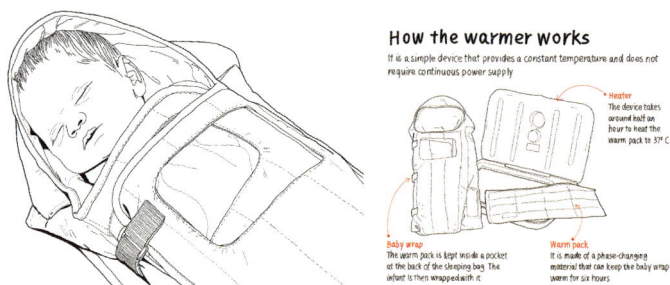

How the warmer works
It is a simple device that provides a constant temperature and does not require continuous power supply

Heater
The device takes around half an hour to heat the warm pack to 37° C

Baby wrap
The warm pack is kept inside a pocket at the back of the sleeping bag. The infant is then wrapped with it

Warm pack
It is made of a phase-changing material that can keep the baby wrap warm for six hours

○ D.School 设计思维"为极限购买能力而设计"（Design for Extreme Affordability）课程的产品"拥抱"（Embrace）

这一课程专门致力于通过低成本的设计为第三世界国家解决由于欠发达而带来的一系列问题。"拥抱"是一款保温的婴儿襁褓，针对尼泊尔乡村早产儿因体温过低而死亡的问题。学生原来认为解决方案是重新设计医院的保温箱，但通过调研他们发现问题在于无法及时送婴儿到医院，因此重新定义了产品的原型。通过新材料实验，他们发现一种熔点为 37 摄氏度的蜡，以此作为保温介质可以很好的解决问题，放入热水吸热溶化，放入襁褓中慢慢释放热量并不会升温，这个过程可持续 3~4 个小时，经济性和实用性都很好实现了，而这一产品成本不足 20 美元。根据"拥抱"的官方网站介绍，这一产品已拯救了超过 2 万名婴儿的生命,而这些同学在毕业后也继续经营和发展这个产品及其相关的慈善事业。

了以社区为中心的策略，并将焦点对准服务水平低下的地区，充分利用移动电话（最为普及的计算机）及追求低成本的解决方案。同属这个课程的另一个项目也取得了巨大的成功，同学们通过调研发现，现有治疗小儿马蹄内翻足的产品价格过高，且使用不便和不美观。他们通过一系列探索，制作了超过 30 个原型产品，并投入使用对比，最后选出较为优胜的产品，并投入了市场，这一产品的成本也在 20 美元之内。这样的案例在 D. school 的成果中有很多，显示了设计思维教学的巨大潜力。

斯坦福大学 ME310 Global 创新培训课程

ME310 的全名为 ME310 Global，是斯坦福大学的一门全球著名新产品设计创新培训课程，是斯坦福大学最有影响的课程之一，至今已有四十多年历史，是创新设计领域中理论与实践完美结合的典范。每年约有 100 名硕士生参加 ME310 全球课程，包括斯坦福工程学院的学生和 8 ~ 10 所全球顶尖工程与设计大学的学生。在拉里·莱费尔（Larry Leifer）教授和他的设计调研科研团队的带领下，该课程的宗旨是教授学生设计创新和全球化国际合作的方法和过程。授课方式以小组为单位，学生在导师的指导下，通过完成一个真实的设计项目来学习并掌握创新设计的具

---

① 拉里·莱费尔（Larry Leifer）：斯坦福设计研究中心主任，资深机械工程设计教授，斯坦福全球联合新产品设计创新课程 ME310 Global 主任教授。

体方法。每个小组由业界知名高科技企业赞助，在为期近一年的课程中完成项目课题，课程内容涵盖了创新设计的整体流程，包括设计研究、设计实践、工程设计和加工制造等环节。在整体课程学习和实践的过程中，斯坦福大学联合全球各地的设计师、工程师、创新者参与到挑战和解决真实的问题中来，并通过亲身参与实践认知的方式，将一套新产品研发的创新方法教授给学生。

ME310 的基本设计流程是从通过调查发现需求来确定设计机会和空间，借助头脑风暴法广泛获得可行性想法，以想法为起点快速制作原型，在实践中反复测试和迭代原型，并在最终得到产品，提炼出明确的设计理念和创新设计途径。

这门课程的特点之一是"真实"（Real）：真正的公司、真正的项目、真正的设计。与许多要求学生优化一个环节或者依照过去的经验而设想设计流程的工程项目不同，ME310 的学生接受的是真实企业合作伙伴带来的现实设计挑战，学生不仅需要参与设计完整的系统，同时设计还需要具有产品的主要功能，考虑产品的实际可行性和社会用户影响，在实际设计流程中观察和采访客户以便更好地了解用户需求，了解并测试现有的技术和产品来发现设计切入点，团队进行头脑风暴产生大量新颖、创新的想法，并且建立原型进行测试。有的时候学生团队在项目中期只需要 5 分钟就建立起粗糙的原型，以便快速进行用户测试和基准测试，当某一原型通过验证之后，学生对其进行迭代和再测试，最终达到一个满意的结果。

（重新）界定问题
(re)Define the Problem
Iterate to keep refining the concepts
迭代以不断完善概念

测试
Test
Learn from the prototoypes
从原型中学习

需求发现与基准测试
Needfinding and Benchmarking
Understand the users and design space
了解用户的设计空间

原型
Prototype
Rapid Prototyping to explore ideas
快速成型以探索想法

头脑风暴
Brainstorm
Generate as many ideas as possible
产生尽可能多的想法

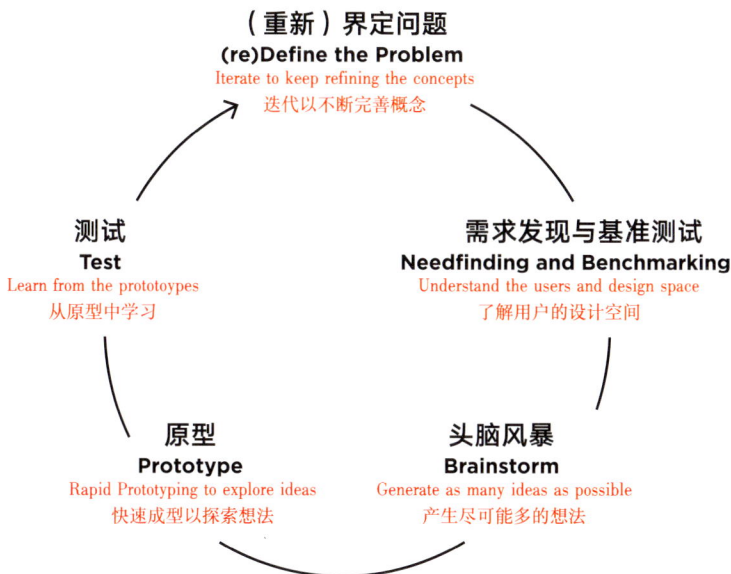

○ ME310 Design Process，斯坦福大学 ME310 设计过程

　　ME310 的另一个特点是全球范围、多领域人员的团队合作，许多项目是斯坦福大学的学生团队与其他国家的团队合作，不仅为设计提供了新挑战，也促成了团队背景的多样性，这使学生体验不同的文化视角、具有更广阔的思维包容性。这种多样性和团队合作性是 ME310 中最有价值的部分之一。

　　2018 年 6 月，以"未来教室设计"为主题，北京师范大学与斯坦福大学组成学习小组共同设计了名为"Teamo"的作品，获得了拉里·莱费尔教授的认可和各国设计爱好者的欢迎。Teamo

是以"未来教室"为主题设计的一款促进中小学生课堂小组互动的智能产品，目前国内中小学生人数相对较多，五至六年级的学生学习压力较大，老师在课堂中无法照顾到每个学生，而 Teamo 可以辅助老师，帮助学生以团队的形式解决问题。在团队学习过程中追踪每个学生的动态和成果，帮助学生建立更多联系，提高学生课堂积极性。国内教育中合作意识和竞争意识同样重要，中小学生需要通过在团队工作中提升合作意识和个人能力，以便在网络时代的社会中保持竞争力，Teamo 作为辅助工具可以很好地培养学生团队协作能力。

斯坦福大学交流项目（XSEL）①

社会企业家与领导者对谈会（Exchange for Social Entrepreneurs and Leaders，简称 XSEL）是由斯坦福大学的非营利组织亚洲志愿者协会（Volunteers in Asia，简称 VIA）主办的交流项目，项目成员按参照设计思维的方法进行工作，XSEL 的工作流程中设计思维工作主要包括了"移情"（Empathize）、"定义"（Define）、"设想"（Ideate）、"原型"（Prototype）以及"测试"（Test）五个步骤。

首先是"移情"（Empathize），成员需要带有同理心去切身体验用户的环境和需要，以用户的角色发现问题和需求。在这个

---

① XSEL: 斯坦福大学交流项目 (Exchange for Social Entrepreneurs and Leaders)

环节中主要采用了"观察"（Observe）、"尽力理解"（Engage）、"沉浸"（Immerse）三种方法。"观察"（Observe）需要具有洞察和思考的能力，观察用户的生活和行为，并在表层的行为之下思考用户的潜意识，观察用户没有做出的，倾听用户没有表达出来的内容，对已知的事物进行全新的发现与思考；"尽力理解"（Engage）需要设计师抛离自己的身份，不再以设计者个人的视角和取向进行设计，而是以平等的姿态跟用户交流、写问卷，了解用户内心的真实想法，获得符合用户真实需求的设想；"沉浸"

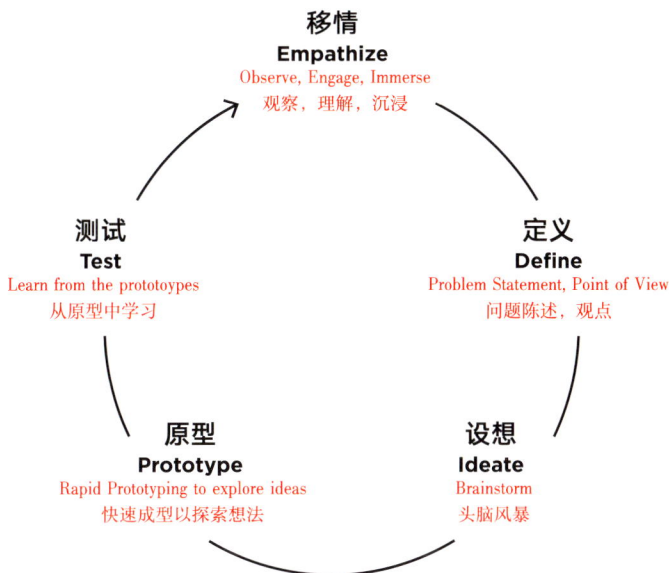

移情
Empathize
Observe, Engage, Immerse
观察，理解，沉浸

测试
Test
Learn from the prototoypes
从原型中学习

定义
Define
Problem Statement, Point of View
问题陈述，观点

原型
Prototype
Rapid Prototyping to explore ideas
快速成型以探索想法

设想
Ideate
Brainstorm
头脑风暴

○ 斯坦福大学交流项目（XSEL）的设计思维方法的关键词

（Immerse）即设身处地、换位思考，将自己投入到用户的环境中，亲身体验用户的感受。为了让团队成员真正做到"移情"（Empathize），XSEL 在项目中与 D.school 组织了一个模拟贫穷的体验，将成员随机分组成一个个"家庭"去体验低收入人群的生活，体验内容包括领取低保粮票、寻找便宜的住所、去教堂领取三餐等，这种鼓励成员亲身融入用户环境、体会用户感受的工作方法一直被沿用。在 XSEL 的官网中，一些成员留言表述了他们对于设计思维的感悟：过去一些成员认为设计的创新和成功是由外国人或新人做到的，但是通过设计思维，他们认为设计的首要任务是了解用户和当地人的意见与感受。在解决香港食物浪费问题的项目中，XSEL 成员也通过"移情"（Empathize）对食物浪费有了不同以往的深刻感受，产生了新颖独特且可持续的解决方案。

接下来的环节是"定义"（Define），在深刻细致地了解用户及其需求之后，学生写出问题陈述来表达自己的观点（Point of View，简称 POV），即用精简的语言来向别人表达自己的价值观和行为，确立设计的出发点和基本价值观，作为接下来工作行为的指引。

然后是"设想"（Ideate），也就是做头脑风暴。"设想"（Ideate）环节中每个成员畅所欲言，相互感染、相互影响，从不同角度、不同层次、不同方位获得足够多的想法，数量是想法的首要要求，想法的质量可以在之后通过筛选测试进行提升，并且在某种意义上，想法的数量越多，成员的思路越开阔，设想的质量也会随之提升。参与过 XSEL 项目的成员认为，这一环节的头脑风暴是了解自己和他人的一种方式，短暂而快速的头脑风暴中产生的设想是潜意识的表现，在这个快速设想、快速交流的过程里，大脑没有太多的时间来组织说些什么或怎么讲，某些灵感会随机从大脑或交流中产生，不断进行头脑风暴使成员们的视野和思绪变得开阔，关于设计的想法也逐渐变得清晰。

在足够多的想法之上，开始建立"原型"（Prototype），在制作产品原型的过程中也会不断发现新问题和瓶颈，原型的制作通常是短时间且低成本的。D.school 还创造了"预原型"（Pretotype），即用卡纸、布料、旧易拉罐等材料做出的原型，有时候一个原型的制作时间只需要 5 分钟。快速制作出原型并展示，在这个过程中不断修正之前的设想，反思产品和设计方向。最后，在"测试"（Test）环节中，XSEL 提倡通过未参与项目成员或者实际情境来测试原型，以多样的、全新的视角重新审视自己的产品。

NN/g 尼尔森诺曼集团的设计思维方法

NN/g（nngroup）尼尔森诺曼集团是一家 UX 研究和咨询公司，集中于基于研究的用户体验，集团的首席设计师、应用设计战略

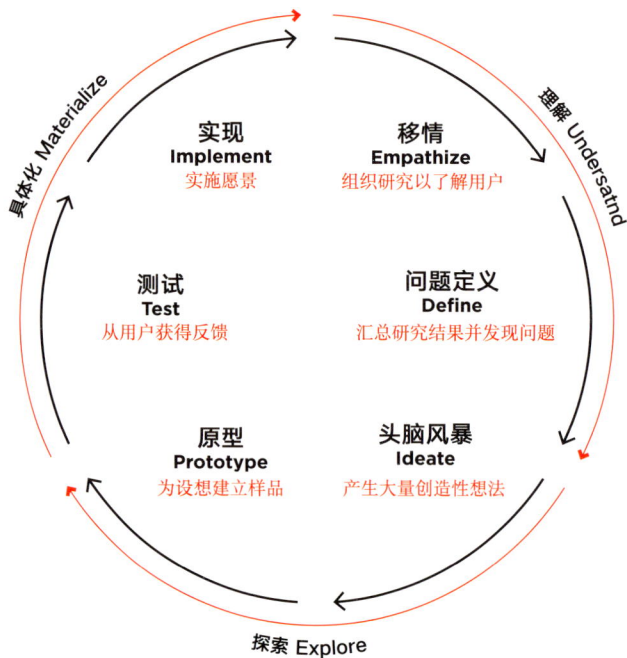

○ NN/g 的设计思维流程 （图片来源 https://media.nngroup.com ）

专家莎拉·吉本斯（Sarah Gibbons）根据实际研究经验发表了关于设计思维、服务设计和映射框架的研究，这些研究已经成为跨行业工作设计师的权威，同时莎拉还为世界各地的行业领导者提供有关如何将设计思维等方法应用于其业务需求的建议和教学。

　　莎拉将设计思维定义为一种由合作程序支持的意识形态，这种以实践为准则，以用户为中心的问题解决方法可以促进创新，并由这种创新引起差异化和竞争优势。莎拉在自己的研究中将设计思维进程划分为理解、探索和具体化三个流程，同时还可以进一步细化为"移情"（Empathize）、"定义"（Define）、"构思"（Ideate）、"原型"（Prototype）、"测试"（Test）和"实现"（Implement）这六个阶段。

"移情"（Empathize）：通过研究来对产品用户产生一个完整且深入的了解。在此阶段，与产品的实际用户进行直接的交谈。直接观察用户的行为，并由此观察到用户的思维和潜在需求；在移情阶段中收集到足够的观察结果，可以对用户建立共情和理解，真正体会用户的观点与感受。

"定义"（Define）：结合移情阶段我们的全部研究结果，并发现用户的问题所在。在确定用户需求时，开始突出创新机会。使用移情阶段所收集的数据来形成完整的用户形象，根据种类繁多且不同的形象进行删选分类，观察不同用户的共同问题和需求，选取最大公约数来确定设计的主要方向。经过对用户想法和体验的深入理解之后，需要产生一系列思维和实践上的探索，以满足用户的各种需求。

"构思"（Ideate）：通过集思广益产生一系列疯狂且有创意的想法。构思阶段的主要方法类似于头脑风暴等方式，团队成员在这个环节中完全的自由，勾勒出足够多的想法，想法的数量比质量更重要（质量可以通过之后的环节进行提升），成员之间分享、混合想法来产生更多的创意，为原型的制作做充足的铺垫。

"原型"（Prototype）：为构思阶段产生的一部分想法构建真实的、有形的表示。此阶段的目标是了解在前期得到的想法中的哪些组成部分有效并具有可行性，在这个阶段，我们将通过对原型的制作开始权衡之前的想法、衡量可行性并且对想法加以改进。

"测试"（Test）：将制作的原型返回给用户以获得反馈。测试和实现两个环节是将想法具体化的关键，我们在测试环节中将原型呈现给用户并反思"这个解决方案是否满足了用户的需求？"以及"它是否改善了他们的感受，思考或完成任务的方式？"等问题，通过测试验证这个想法和原型是否可以解决上述问题；测试并不是一个单向的过程，得到反馈之后可以继续进行测试，直到得到一个满足需求的原型。

"实现"（Implement）：将想法真正投入到实际产品，实现愿景。莎拉认为，实现这一环节是设计思维中最重要的部分，但也是最常被遗忘的部分。当一个想法被投入实际之中并被用户体验和使用时，想法、原型以及前期的工作才更能实现其真正价值。正如唐纳德·诺曼（Donald Arthur Norman）[1] 所说，"我们需要做更多的设计，"设计思维只是为我们提供了一种工作方式，让我们从实际生活和大脑中汲取灵感，并转化为真实的产品，设计思维使用的最终目的是确保产生解决方案、使方案具体化，并使方案可以切实

---

① 唐纳德·诺曼（Donald Arthur Norman）：美国认知心理学家、计算机工程师、工业设计家，认知科学学会的发起人之一，关注人类社会学、行为学的研究。代表作有《设计心理学》《情感化设计》等。

满足用户的需求。

设计思维的灵活性——适应实际工作复杂情况的弹性需求

上述的设计思维虽然界定了六个阶段，但它并不是一个严格的设计进度计划，相反，设计思维是一种工作框架，可以随时随地为我们提供支持，莎拉认为设计思维像是一本基础的食谱，使用者可以将食谱作为一个大框架，再根据实际的需要进行调整。如 NN/g 网站中提供的图片所示，与常规的指导方法不同，设计

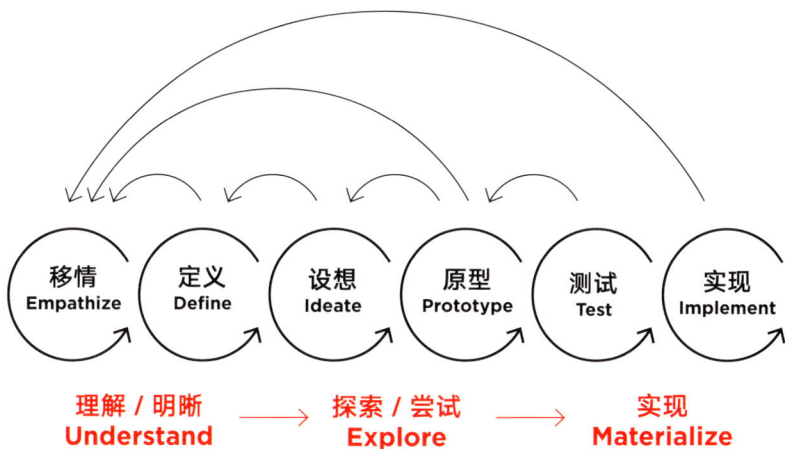

○ NN/g 的设计思维流程 （图片来源 https://media.nngroup.com）

思维的每个阶段都可以迭代和循环往复。

虽然设计思维规划出从定义问题到解决问题的路径，但设计并非是线性的过程，因为某些问题往往是复杂与难以界定的，在构思和建立初始原型之后，我们通常会回到理解阶段（移情和定义）进行反思，这是因为原型是从调研和想法中产生的，借由原型我们才能表达出真实的想法，这是解决方法的第一次实践和检验评估；循环到用户研究可以让我们反思还有哪些问题没有被注意到以及哪些想法和原型还可以被采纳或者借鉴，这一反思过程对我们提升想法和原型的质量是非常有帮助的。

具体化过程中的测试阶段是最频繁循环的阶段，通常需要在测试和原型之间进行多次循环，以便达到构思阶段中我们期待的效果；例如将原型不断地提供给真实用户以获得真实的反馈，以便对原型加以改进，使其不偏离解决用户问题的出发点；设计思维是一个可以不断循环往复的方式，最后的实现阶段也并不是设计的结束，当想法实体化为产品并投入实践时，依然需要返回到最初的移情阶段调查用户的使用感受并对产品进行调整。

应用于用户体验设计的设计思维

UX 设计师研究和评估产品或服务系统的用户关于该系统的实用价值、效率、心理满足等体验，从狭义的角度看，UX 研究主要集中在软件与互联网行业。对于用户体验设计师来说，产品

用户调研
User Research
Know & understand your users
充分了解你的用户

分析
Analysis
Identifying design opportunities
定义关键问题

用户测试
User Testing
Evaluating the design
设计评估

原型
Prototype
Implementation of the idea
理念的实施

设计
Design
Conceptualisation & exploration
概念化与探索

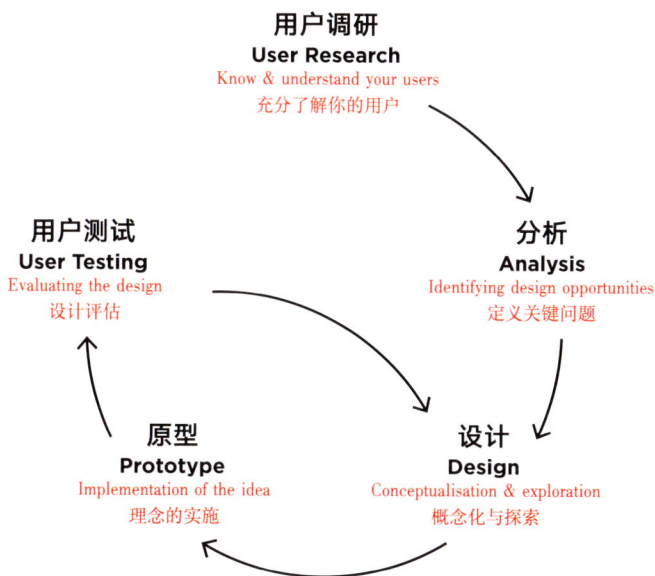

○ UX 用户体验的设计思维流程 （图片来源 https://media.nngroup.com）

的推出只是设计中的一环。产品推出后的后续跟踪调查，用户反馈统计都是非常重要的工作，并以此不断改进、调整产品使其达到更完美的状态。

应用于 UX 设计领域的设计过程被界定为"用户研究"（User Research）、"分析"（Analysis）、"设计"（Design）、"建立原型"（Prototype）和"用户测试"（User Testing）五个阶段。

UX（用户体验）设计主要建立在用户体验与感受的真实反

馈之上，因此用户研究这一环节至关重要，这是确定接下来整体设计工作方向的指南环节，我们要了解并且真正理解我们的用户，通过调研、访查等形式获得精准的数据；基于上述数据，我们在分析阶段对用户进行识别，对用户体验进行分析，从中发现可能的设计方向和亟待解决的问题，制定设计计划和方案；设计阶段可以划分为概念化和探索两个行为，不断提出设计想法并探索想法的有效性和可行性，从中为一部分想法建立原型，使想法具体化，在测试阶段将原型投入实践，评估这一设计产品的价值，并且在设计—原型—测试这三个环节多次循环，如前文所说的，根据跟踪测试得到的用户反馈不断调整设计点和概念，得到更优化的设计结果。

很多人认为用户体验设计是一个独立的专业，只有专业的人才和拥有丰富知识储备的专业设计师才能胜任，实则不然。对于已经拥有强大设计技能的设计师来说，职业的转换并不是多么困难。首先是知识储备。想要进入用户体验设计的领域，最好的方法是学习其专业知识与技能。与视觉设计不同，视觉设计拥有一套专业技能，例如排版、色彩、字体等，需要的是设计出视觉上的美感。而用户体验设计是多学科交叉而成，它位于多学科的交叉路口，需要设计师广阔的知识面。例如人类心理学、信息设计、交互设计、视觉设计等方面的知识都要拥有，以此更好地解决用户的问题。

想要迅速提升，除了知识储备外，还可以专注构建用户体验设计组合。在找工作时雇主关注的因素往往是设计师的经验和设计组合。转职的设计师和应届毕业生一样缺少工作经验，那么专注设计组合就是最佳选择了。新手的用户体验设计师可以参加每日UI挑战赛，它既可以提高技能，又可以创造社交存在。或者参与非营利项目成为志愿者。在面对现实世界的挑战时向其他设计师学习，并提供设计成果，作为对社会的积极贡献。

除此之外，用户体验设计师需要追求以用户为中心的设计，而不是以视觉为中心。这是与视觉设计最不同的地方，用户体验设计师主要关注用户，并强烈关注他们是否能够实现目标，创建以用户为中心的设计，而不是关注字体的大小间距，图形的颜色形状。设计的可用性和功能是用户体验的基石，了解并考虑设计中的可用性是用户体验设计师的重中之重。视觉设计转职的设计师应避免过早开始视觉设计，设计师的注意力应该集中在事物的工作方式而不是它们的外观。人们不会将应用程序或服务用于漂亮的设计，他们希望通过使用产品来解决他们的问题或满足他们的需求。

一个合格的用户体验设计师应该擅长收集和分析用户的需求、问题和反馈意见。设计师要先知道用户的需求才能准确设计出优秀的产品，从而解决用户的问题。用户研究是用户体验设计的重要一环，它会为产品设计提供宝贵的信息，使其设计出有价值的产品；设计思维的应用在这一环也展现出其重要性，通过近距离、实地的信息调研，设计师可以获得充分且有深度的用户信息，确保之后的设想和产品设计符合用户的需求。

最后用户体验设计师要擅长随时随地学习，一旦设计师获得了实用的用户设计技能并创建了产品组合，就需要专注于网络。网络对于 UX 设计师来说至关重要，因为当已经在现场的人推荐您担任职位时，通常会找到最佳机会。

快速有效的设计冲刺（Design Sprint）

SMASHING MAGAZINE 的成员之一克莱尔·梅森（Claire Mason）[1]是一名用户体验顾问和内部设计策略师，她曾为数十个设计研讨会提供了策略指导 ——"设计冲刺"（Design Sprint）， 这是一种极为有效的流程，是以设计思维的方式在短时间内吸取客户需求、建立原型并推动客户至上的决策。

克莱尔在提及"设计冲刺"时引用了 Google Ventures 的"冲刺"（Sprint）工作方法："冲刺"是一个为期五天的过程，它由 Google Ventures [2] 开发，用于通过与客户共同规划设计、原型

---

① 克莱尔·梅森（Claire Mason）：The Home Deport 企业用户体验主管，是一位客户体验设计师和战略家，她崇尚以人为本的设计理念。
② Google Ventures 是 Google 于 2009 年 3 月成立的风险投资基金，寻找并帮助优秀初创公司。

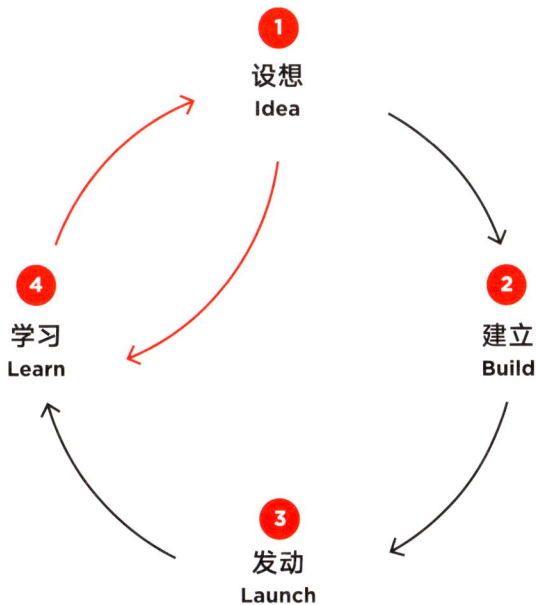

○ 设计冲刺（Design Sprint）的设计工作流程

制作和测试想法来解决问题，其过程和具体步骤与常规设计思维方法有许多相似之处。

    上图是进行"冲刺"的基础指南，它主要包括"设想"（Idea）、"建立"（Build）、"发动"（Launch）和"学习"（Learn）四个步骤，在五天的时间里，以指南为基础进行细致准确的工作程序安排。

"设计冲刺"工作程序：

星期一：对客户需求进行调查和分析以确定一个涵盖范围较广的目标，并且与相关领域专家进行讨论，精确化目标范围，选择一个亟待解决且可以在工作时限内解决的问题，以上的工作为接下来的"冲刺"周选择了工作方向。

星期二：经过前一天的问题了解和"冲刺"目标选择之后，星期二将专注于解决方案：回顾现有想法以重新组合和改进。下午每个成员将按照四个步骤进行工作，这一过程强调对"想法"（Idea）的批判性思考。在星期二还需要寻找符合应用范围的用户来为周五的用户测试做准备。

星期三：到星期三早上将会产生很多解决方案，这提供了多种选择但同时也是一个问题：我们无法对所有产品进行原型设计

周次 1	确认 与会者	预定 "冲刺"空间	没有 电子设备！		
周次 2	安排面试			为周五的 "冲刺"安排 客户访谈	继续客户 调研
周次 3	冲刺用品	没有 电子设备！			

和测试。因此在星期三将对每种解决方案进行评论，并确定哪些解决方案最有可能实现目标。

星期四：将采用"假装"（fake it）的理念解决方案生成原型，"假装"即尽可能地给原型一个逼真、可行的外观和设定条件，这也是最能打动测试者的一部分元素。星期四的时间将被用来完成原型以及计划测试时间、编写测试脚本，为星期五的测试做准备。

星期五：在几天内创建了可行的解决方案，选择最优方案并构建逼真的原型，仅此一项就可以成为令人印象深刻的工作，但是当观察用户对原型的反应和收到用户反馈时，这项工作将更进一步。测试会给过去几天的"冲刺"工作一个侧面评价，使设计师了解解决方案的优缺点，并且知道下一步该怎么做。

以上是"设计冲刺"的基本工作流程，虽然只有短短几天的过程，但在工作之前和之后还需要很多准备和完善。成功的"设计冲刺"从充分的准备开始，即使有上述的基础指南和工作流程作为指导，充足的时间、空间、人员和物料准备也是一项重要的任务，因此克莱尔建议在正式工作之前需要 3 周时间考虑一个如前页所示的计划：

第 1 周：与各参与成员确认工作安排并发送邮件，确保成员准时参加，并通知成员关于"没有设备"（NO DEVICES）规则（Design Sprint 关键思想之一），意即在"冲刺"活动期间不应该使用电子设备，并且开始安排用户和领域专家进行面试，预订你的工作空间。

第 2 周：继续跟进面试，确保专家可以给出需要的意见，并确保测试用户足够符合真实场景以获得真实的反馈。

第 3 周：收集物料，联系通过面试者并发送邮件（提醒"没有设备"规则）。

设计思维与设计基础教育观

设计思维是一种解决问题的思维能力，它让人们脱离具体方法和规则，富有创造性地，从问题的源头着手解决问题。例如我们需要设计一栋员工宿舍，但员工人数众多，建造宿舍空间有限，如果刻意不使用设计思维，常规设计流程应该是：要解决占地空间与人数需求之间的问题，头脑风暴记录下可能的解决方案，选出其中可行方案设立原型，然后测试评估，再基于测试反复修改方案。但如果以设计思维来解决问题，我们可能会花费更多时间和精力先思考这个问题的本质是什么。为什么需要员工宿舍，因为初入职场和一部分员工无法承担租房费用更没有积蓄买房，以及一些行业需要员工长时间共同工作培养默契。那么员工根本需求是什么？暂时有一个安身之处？一定要独门独户吗？有没有其他居住方式？有没有适合集体，并且在最小的空间内达到最大舒适度的居住方式？除了赚钱买房成为房奴，还有没有别的生活方式？最后，有可能原本的宿舍空间设计问题变成了如何设计年轻人新的生活方式的问题。

设计思维在探寻用户真正的需求的同时，也必须注意到用户视野的局限性，打破思维定式，不再从解决眼下的问题着手，而是通过调研与创新设计全新的产品类型，以"反设计思维规程"的方法创造新的生活方式，甚至改变世界，这也是设计的工作方式之一。汽车、火车等新生事物的出现，都不是以研究用户需求为出发点。在汽车被发明之前，如果按照设计思维的思考方式，交通工具不可能跳出马车的概念范围。而恰恰是这些在当时看来"离经叛道""不可思议"的设计改变了人们的生活方式，推动了社会的发展。并且设计本身也是一种传达信息的手段，设计师有时会把前沿的理念与价值观融入所设计的产品之中。以独有的造型语言的形式表现出来，潜移默化地影响用户，甚至改变整个社会，推动社会发展。以苹果公司的产品为例，苹果公司的设计理念是典型的由"技术进步"和"意义变革"双重变量驱动实现产品创新，而不是由以人为中心的设计理念驱动。传统的以用户为中心的研究很难产生激进性创新，而双重变量的推进方法往往在激进性创新产生后，还能够推进企业不断通过渐进性创新而走向更高质量的设计。正是这种不同寻常的设计思路给了苹果公司强大的创造力，设计出真正意义上能够改变世界的产品。

除用户局限性之外，因为科技发展，形式追随功能已经不再是设计的铁的法则，很多产品上已经出现了形式可以脱离功能的情况。尤其是在数码产品领域，技术迅速发展使得产品不再受体积限制，在设计上，形式和功能已经不再固守因果关系，甚至可以做到设计以形式出发，在产品设计中灌注设计师理念，利用现有能实现的技术实现设计。

通过对设计思维模型引导的设计工作观察，我们得知其并非一个简单易行的操作菜单，相反，其过程中充满反复与非线性的思考与工作，蒂姆·布朗在《IDEO，设计改变一切》中提到设计思维并非简单意义上的"最佳方法"：

"但确实存在一些有用的起点和有益的路标，我们最好把创新的延续看作是彼此重叠的空间构成的系统，而不是一串秩序井然的步骤。这些空间分别是：

· 灵感：即那些激发人们找寻解决方案的问题或机遇；

· 构思：即产生、发展和测试想法的过程；

· 实施：即把想法推向市场的路径。

当设计团队改进想法并探索新方向时，设计项目也许会在这单个空间来回往复。"

蒂姆·布朗指明了设计思维从本质上讲就是在这样一个探索的过程中显现其合理性，并且其取得的成就正取决于"愿意接受甚至热烈欢迎相互矛盾的约束条件，这正是设计思维的基础所在"。接受约束是可以理解的，但由约束产生问题，创造性地解决问题的整个过程，依然显现出几点关键的能力与素质需求，如：

· 基于共情力与洞察力的设计调研能力；

· 借助思维导图等工具分析与沟通的能力；

· 于真实世界的观察与采集的素养；

· 在协作与设计语言中发挥视觉思维的能力；

· 有益于原型测试与思考的动手能力；

· 头脑风暴异想天开而又不要跑题的——发散思维与汇聚思维的能力与经验等。

而关于软件技术、表现技巧或视觉美化的能力却被放在这一框架流程的最末端，整个工作过程包括原型制作，都强调仅以能够准确表明意图为准，便利贴和马克笔、故事板这类极低成本的物品却是这个创造过程最有价值的工具。

与传统的以平面构成、立体构成、色彩构成以及素描造型为基础的设计基础教育对比，我们的教育面临是培养"设计思考者"还是"设计操作者"的区别与选择。设计思维所需的基础与素养是关于"思考、分析、洞察"能力的培养，在最新倡导设计思维应用与教学的理论当中，这些关键能力是被认为学生本来具备的，教学研究的焦点是如何设计课程以唤醒、释放学生内在的创造力，并帮助其经历试错、战胜挫折，鼓励其表达与倾听。

现代社会经济发展需要的复合型人才，即"T"型人才，对于设计师的培养来说则应是一项基本的要求。"T"字的横线要求学生有广阔的视野与博杂的知识，竖线所指的专业能力其概念与领域也正在受应用与边界领域的影响改变，而具有设计思维的人，则可能超越这两条轴，在不远的未来，跨领域合作与创造已成为其常态化的"专"的内容与要求。从一些国际知名院校通识教育的观察当中，已常见对于固有专业培养内容的突破，协作与沟通式的学习替代课堂讲授，教师由教学主角转向学习规则与行为设计的角色，由"教"转向一起学习的组织行为。从这个角度来看，备课事实上已经是一种"课程设计"，一种关于学习的服务设计，在高效、易参与、愉悦性、可量化与持续的课程设计背后，是现代设计教育对教师提出的非常高的要求，因此课程本身已经具备复杂产品设计的特征，需要团队协作并以"学生、学习"为中心，遵循设计思维的路径解决一系列问题。

罗德岛设计学院的通识教育观——培养"设计艺术家"

通识教育是当下高校教育设置中不可缺少的一环，哈佛大学1945年发表的《自由社会的通识教育》被誉为"通识教育圣经"，这份研究报告制定了一整套横贯人文、社会、自然科学三大领域，以培养"完整的人"为目标的教育体系，经过几十年的发展和丰富，通识教育的教学理念及教学实践逐渐在世界各地高校获得普遍接受及推广。

美国罗德岛设计学院（Rhode Island School of Design ，简称 RISD）的教学定位明确，其办学理念是"致力于设计和艺术人才的培养，提升大众艺术教育、商业和产品的水平"这一理念也让 RISD 被称为"艺术类的哈佛"。学院不把学生看作设计产业链中的产品制造者，而是看作设计艺术的创造者，注重培养具有深厚艺术涵养的"设计艺术家"，培养学生系统的理论基础、完备的技术水平和深度独立思考的能力。因此 RISD 的教育模式是提供艺术、文化、历史等理论知识的授课，并结合罗德岛的博物馆为学生提供浓厚的艺术氛围，多元化、大众化的艺术展览影响学生的审美观念和艺术表现能力，使学生对艺术设计有独到的见解，可以积极自主地投入艺术创造之中。

RISD 针对通识教育的教学理念制定了独特且明确的教育模式和培养计划，本科生学院十分注重学生的基本功，第一年的基础课程涵盖了平面设计、立体设计、素描、手绘等多门基础课程，学生通过参与不同的基础课程接触不同的艺术表现方法，寻找自己感兴趣的专业方向。在本科生的第二学年，设计课程设置开始具有明显的专业方向特色，培养学生在某一专业深入钻研的素养，RISD 注重理论基础和手工技能的兼具，因此会采取"理论教学"和"工作室教学"结合的授课方式，在第一年的知识积累上提升学生的实践能力，并加深对之前理论知识的理解；除了专业领域常规的工作室外，本科生还可以从三个跨学科课程群和三个文学艺术课程群中选取一个工作室作为额外选修，这些跨学科课程群包括自然—文化—可持续性研究（NCSS）、计算机技术和文化（CTC）、绘画（DRAWING）工作室，聚焦人文社会、全球环境、可持续发展、新兴技术等课题，通过工作室教学的方式培养学生参与解决实际社会问题的能力。人文、艺术、社科等内容是 RISD 教育内容的重点，本科学生在第三年还要在艺术领域修满一个课程，这个课程包括了考古学、人类学、艺术史、创意写作、历史、文学、自然科学、哲学、心理学、宗教学和社会学等学科，罗德岛地区的博物馆资源也为这些内容的教授提供辅助，例如艺术史课的专题都是将学生带到博物馆里上课，一方面教员以真实的藏品为例使学生身临其境地接受不同艺术风格的熏陶、感染，拓宽视野和提升审美能力，激发学生的艺术创作灵感，为学生之后的创作奠定坚实的基础；另一方面，学生通过博物馆藏品体会艺术与历史、社会和人的关系，加深对作品的人文、道德等社会作用的理解，培养学生辩证、批判的思考能力。

RISD 的授课范围不仅局限于校园之内，在其教学理念中，社会责任意识、专业知识素养、辩证思维能力、审美能力与艺术表现能力等同等重要，学院鼓励学生参加罗德岛校园契约（RICC）、RISD LEADS 研讨会、MLK 年度服务日等项目和计划，帮助学生增强公民参与意识，在公共社区服务中提升公共领导力和专业设计能力。促进学生对社会问题的理解，提升辩证思考能力，实现 RISD "致力于设计和艺术人才的培养，提升大众艺术教育、商业和产品的水平"的办学理念。

RISD 以人文艺术理论的学习为载体，加深学生对于艺术及其相关知识的理解体验，增强文化底蕴；并通过与艺术相关的跨学科选修课程开阔学生视野，使学生参与到实际问题的解决当中，以理论和实践并行的教学方式培养学生的多领域能力，培育通识型人才。

耶鲁大学艺术设计学院——"广博"的通识教育

耶鲁大学的通识教育体系发展历经三百多年，其授课形式从最初的"自由七艺"必修课发展为今天成熟的"三大类三大技能"模式，即人文艺术类课程（Humanities and Arts）、科学类课程（Sciences）和社会科学类课程（Social Science）。

19 世纪初，随着美国步入了近代化工业革命时期，美国的社会与经济高速发展，教育也蓬勃发展，当时的哈佛大学和弗吉尼亚大学与时俱进地顺应实用科学的思潮，进行教学体制改进。耶鲁大学经过一年的调查研究，发表了《耶鲁报告》，聚焦于以艺术人文传统为主要内容的通识教育。艺术与人文科学是耶鲁大学的一大优势，也是课程设置的重点。在耶鲁大学学士学位分配要求中，学生必须通过修读人文与艺术两个学分、科学两个学分以及社会科学两个学分来满足学科领域的要求。耶鲁大学的官网对于人文与艺术学科的授课理念是这样理解的："人文科学和艺术的研究可以培养对过去的欣赏，并丰富我们参与时代生活的能力。对人文艺术进行严格而系统的研究，可以提高对歧义的容忍度和先进的分析能力，这些能力为当代生活的大多数领域的职业生涯提供了必要的准备。"

　　耶鲁大学在教育方式和内容上注重通识教育人才的培养，促进学生建立起比较广博的知识体系。在耶鲁大学的教学观念中，通识教育是一种人文教育，它超越功利性与实用性，教育不是车间里的生产流水线，制造出来的都是同一个模式、同一样的思维，而是开发、挖掘出不同个体身上的潜质与精神气质。耶鲁大学通识教育的本质旨在发展学生的智能素质的基础上，激发学生的学习兴趣，培养学生内在的求知欲，最终使学生通晓广博的知识。雷文校长认为尽可能地为学生提供广博的知识，可以使学生对知识总体状况有一个综合的、全面的了解，有助于其构建丰富扎实的知识体系，有利于他们用自己的心智独立思考、解决问题。因此在整个学院内开设了几乎覆盖了人类知识领域中的所有学科通识类课程供学生选择，并在专业课程中尽可能广泛容纳跨越国家民族、历史文化、设计门类、风格派别的相关史论、文学艺术、工艺技术等课程，多元的内容细化到诸如：自1945年以来的人体艺术、伊斯兰艺术中的绘画与诗歌、局外艺术、17世纪的中国绘画等内容。同时还建立起以"跨学科"为基础的学院互联计划，对12所不同学院的优秀资源进行有效整合，进行跨学院的教师调配、跨学院授课内容融合以及跨学院共同参与项目研究等形式的协调发展，例如本科生课程设置中的多学科学术课程，这门课程为耶鲁大学的学生提供了一个机会，可以从具有共同兴趣的学生和教师社区中，从各种学科角度研究紧迫的社会挑战。任何专业的学生都可以申请这些课程，大学各部门的教师也可以参加；课程研究内容主要包括教育研究、能源研究、全球健康研究、人权研究等几个独特且不同的实际问题，为学生提供了多领域合作的实践机会。

1919 年，耶鲁大学与谢菲尔德学院①共同教学，进行了"一年级共同课程"这一创新性的课程改革，使得两所大学的学生兼具工科课程和文理知识的素养。耶鲁大学的通识教育希望在向学生传授艺术、人文、科学等知识的同时，培养学生理性、独立、具有批判性的思考能力，这种能力的基本在于学会和敢于提出质疑，为了给学生提供一个更加自由开放的学习环境，在耶鲁大学的课堂上，教师与学生围绕圆桌进行面对面的交流，这种更为活泼自由的授课形式使课堂的氛围变得轻松，学生的身份由被教育者变为课程参与者，可以自信地提出自己的见解，在讨论中获得启发，在思索中获得独立思考的能力，培养独立思考与创新精神，最终逐渐形成一种批判思考的意识。耶鲁大学的学生在今后的工作生活中会充满好奇心与想象力，具有独立思考的能力，并对各领域知识有整体完备的了解，可以灵活地把新知识运用于实践，

① 谢菲尔德学院（The University of Sheffield），是英国极具影响力的研究型大学之一，也是世界著名的教学科研中心。

与其他专业的人才合作，对学术、教学、科研以及社会产生强有力的影响。

东京艺术大学——学以致用的设计教学观

东京艺术大学设计专业为了能对应各种各样的设计领域，把图形设计、信息设计、产品设计、空间设计、环境设计、映像、描绘、理论等作为专业领域，共计 10 个研究室作为基础构成。学校以各种研究室为特色教学模式，开展重视交流、传达的小班教学模式。10 个研究室的常勤教师和活跃在各个领域的第一线的非常勤讲师的实际技术课题、技法演习、讲义，在逐步积累专业技术和知识的同时，不拘泥于既有的种类，成为支援自由伸展资质的内容。学生可以根据年级的进度，以轻松的姿态看清自己的适应性，找出想要研究的方向。

为了充分发挥各个研究室的作用，培养本科生与研究生的专业素养，同时让学生不受本专业既定环境与思维的影响，培养学生具有综合视野和更加全面的发展，东京艺术大学对设计专业的教学体系和课程安排进行了计划。例如东京艺术大学设计专业的本科生课程安排：

一年级：与大多数艺术高校的课程设置相似，一年级以培养专业相关的基础能力为主要目标，通过造型基础、设计技法等课程培养学生的观察能力、表现能力与造型能力，为之后的设计创造打下基础。

二年级：衣食住行等与实际生活相关的课题成为二年级课程的主题，课程涵盖了插画、装饰、影像、空间、视觉、动画等多个领域，使学生更加全面地了解设计的各个行业与各个方向，让学生寻找自己想要研究的方向。

三年级：以当代社会问题、传统文化继承与发展、信息表现与传达等现实课题为主题，开设了都市、传统与设计、自发项目、杂志·创刊、自我表现和家居设计六个专题课程，培养学生发现问题和解决问题的能力，并使学生在解决实际问题时思考设计本身的意义与价值。

四年级：主要进行毕业设计的制作，各个研究室以学生毕业设计的主题和领域进行相应指导。

东京艺术大学致力于训练学生思考的能力，其中包含观察的能力、思考的能力、传达的能力。通过客观地观察事物，读取构造，亲手发现课题，俯瞰全体并细致入微，用柔和的感性产生的自由构思，总结出自己对课题的解答，并将其表现为美的形式。设计科改革课程体系时非常注重教学与社会实践的结合，在社会实践中承接设计任务之后，学生们主动去找委托方了解现存问题、设计需求、设计预期，对市场和消费者进行调研，分析企业、市场与用户的信息，提出可行的设计方案。

武藏野美术大学——"美与创造性"

武藏野美术大学十分重视培养学生的独特性、创造性与设计思维，通过培养美与创造性的技术，培养人与社会、人与人之间信息相连的专家，从而开拓视觉交流与设计领域的未来。在印刷、影像、互动工具等多种媒体中展开了支持视觉交流的视觉语言的

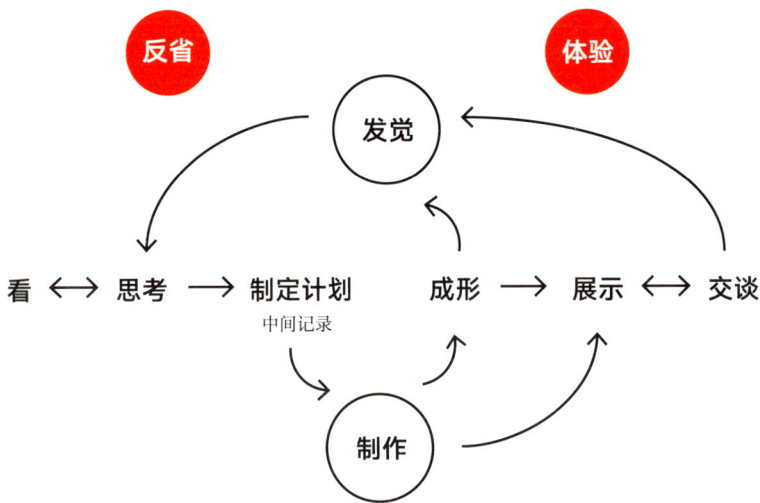

○ 武藏野美术大学情报设计研究方法

设计，随着时代的发展，不断产生新的表现形式和交流形式，与社会形成深深的关联。在当今数码技术飞速发展，并渗透生活方方面面的现状下，武藏野追求的是培养具有高度的技术和审美意识的专家，能从社会性的视点重新捕捉信息、再构筑的才智和行动力以及能与人们的感性产生共鸣的能力。为了培养这种能力，大学在深入学习过去积累的优美与交流原理的同时，也需要将这些原理与现在的技术交叉，使之融合，勇敢地挑战新的环境、媒体。当今的课题是培育现代社会及其未来对应的创造性引领者。国民整体的审美水平提高，做出来的设计自然不会太差。而之所以日本的国民整体有较好的审美意识，很大程度上也离不开日本国内为国民营造一种较高的审美氛围所做出的努力，例如在大、中、小学普及创造学，并用心设计课本，点点滴滴潜移默化地培养国民的审美与创造，并提出创造力的开发是通向 21 世纪的支柱。

学校通过高密度的课题和评讲来间接性、有规律、一步步浸入式地体验设计专业人士的身份。教授也几乎全部是在职的专业设计师或者艺术家。讲座和上课中不断培养学生的艺术素养，使学生渐渐意识到，所谓的作品深意，所谓的设计并不止步于做一个漂漂亮亮的作品。武藏野在课程设置上并没有针对设计思维的课程，但教授们依靠自身极强的专业素养潜移默化地培养学生的设计思维，培养学生与众不同的看问题的角度和思维方式，因而造就了武藏野学生的独特性。

第四讲

设计思维的关键词

　　以人为本的设计观将用户与设计的关系看作除形式与内容以外的相处体验，借助设计思维以达成系统的解决与关怀，观察设计机构工作流程和设计学院授课所运用的设计思维模式类型，虽然各有差异，但仍然显示出明显共通的工作环节与步骤关键。其中必不可少的环节包含"移情(Empathize)""问题定义(Define)""设计原型（Prototype)""测试（Test)"四个部分，这四个关键步骤之间显示了设计思维的进程即首先是理解和认识（Understand），其次是探索与尝试（Explore），继而实现（Materialize）并完成设计。各个阶段均依据前段工作的指导与约束，并会根据情况回溯到设计调研阶段做出调整与纠正。

移情（Empathize）

　　设计行为常常是由一个预见或假定的想法开始的，此时的设

Return to the research
对照 / 评估 / 纠正

理解 / 明晰
Understand

1

2

移情
Empathize

Observe, Engage, Immerse
观察、理解、沉浸

问题定义
Define

Identifying design opportunities
定义关键问题

Return to the research
对照 / 评估 / 纠正

探索 / 尝试
Explore

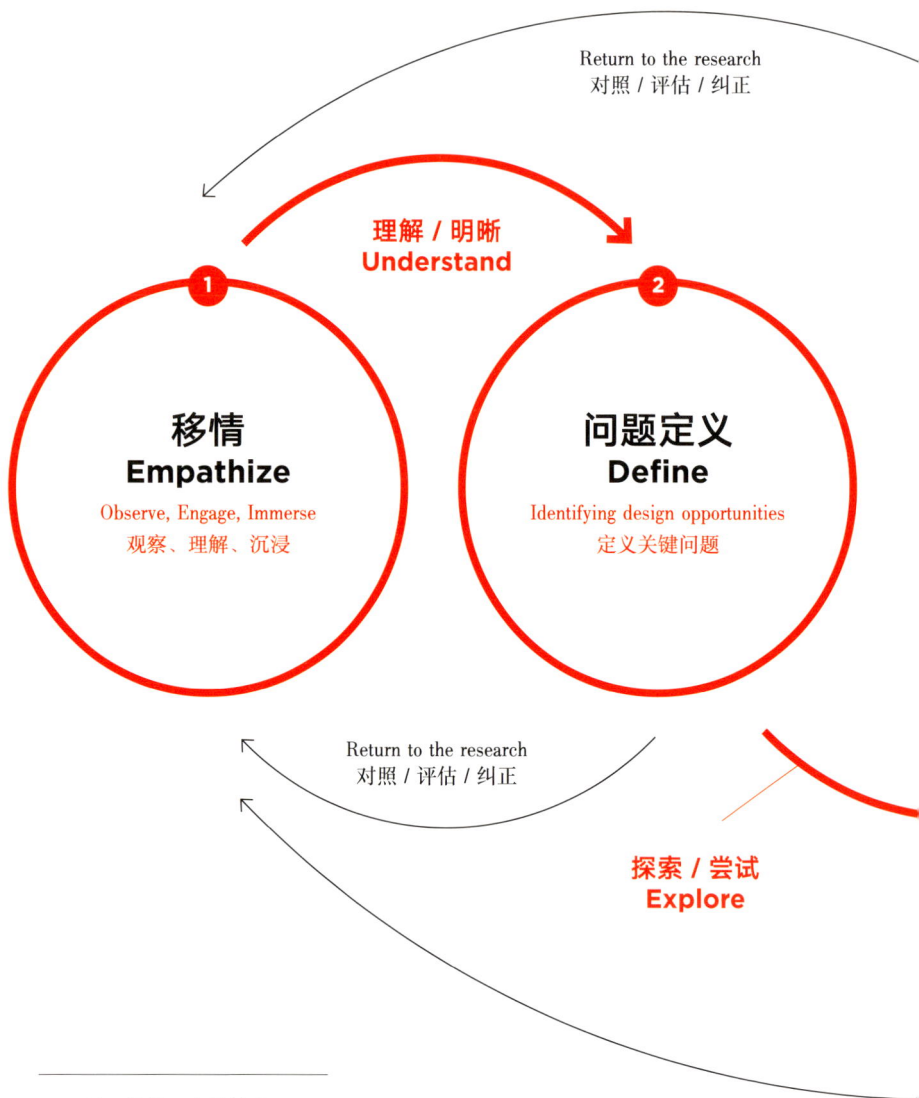

○ 设计思维的四个关键步骤

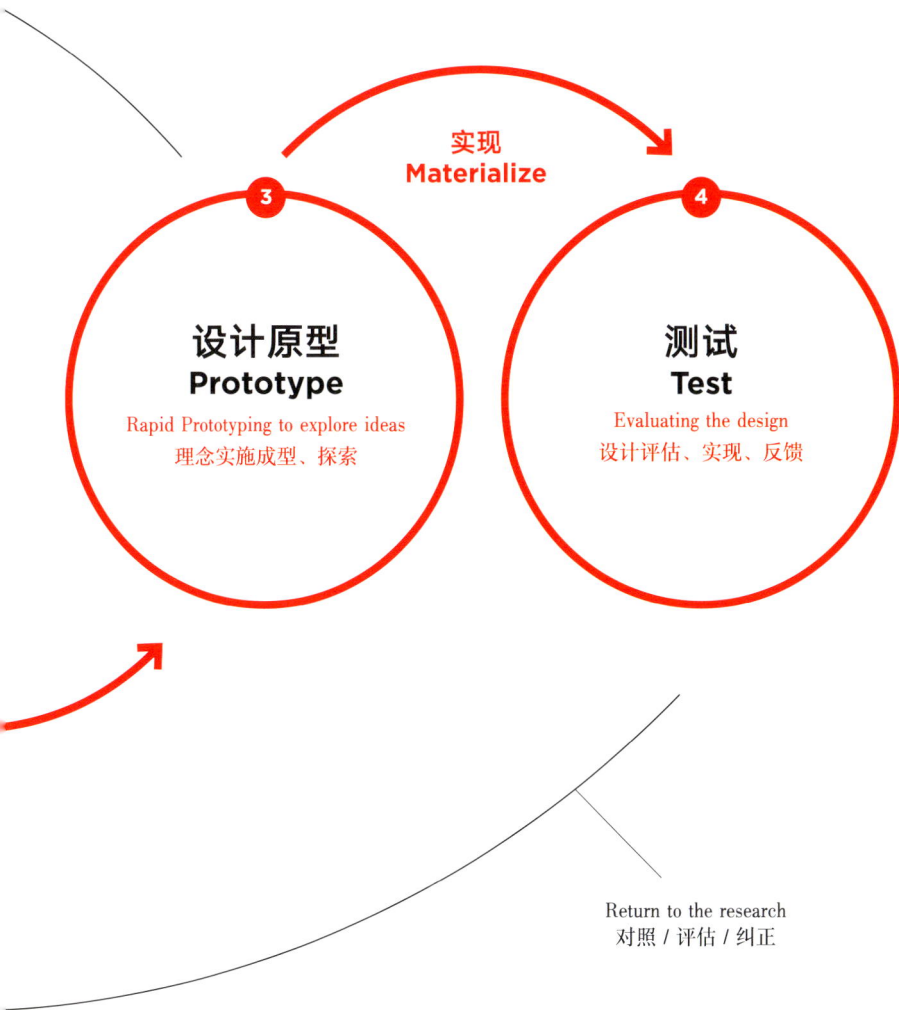

3

实现
Materialize

4

设计原型
Prototype

Rapid Prototyping to explore ideas
理念实施成型、探索

测试
Test

Evaluating the design
设计评估、实现、反馈

Return to the research
对照 / 评估 / 纠正

想法
Think

What really counts? Major concerns
真正重要的、主要的是?

看到与听到
See and Hear

Environment
从何处、看到了什么?

用户
Users

感受
Feel

Worries and Aspirations
忧虑与愿景是什么?

说与做
Say and Do

Attitude in Public, Appearance, Behavior towards others
在公众场合的态度、形象以及对他人的行为

痛点
Pain

Fears, Frustrations, Obstacles
恐惧、挫折、障碍是?

利益
Gain

Wants / Needs, Measure of Success
愿望、需求、成功的衡量标准是?

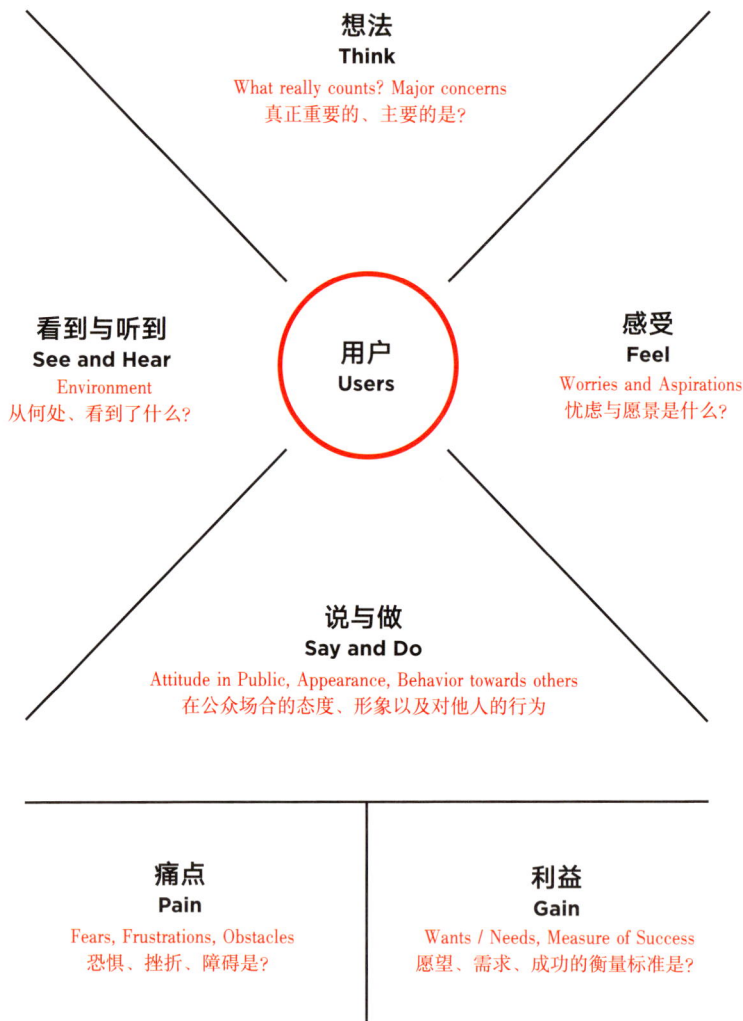

○ 用户体验的移情认识框架

想还不足以称之为创意概念，而需要随即进入对设想加深认识、迭代不断理清与完善的过程，这个过程需要结合数据统计、沟通、问卷、象限调研工具等方式对设想、目标对象、受众或用户做充分的了解。在大多数情况下，传统的市场调研、问卷调查等研究方法只是在浅层简单地问用户需要什么，没有得到深入的、不易被发现的深层问题，这些传统的研究方法只能为设计者提供表象的设计点，因而得到的产品革新或是新型产品不能触及用户真正的需求痛点。设计的目的不仅仅是满足显而易见的用户需求，更需要发现和表达用户的潜在需求。"移情"（Empathize）是指沉浸于他人的角度并了解他人的状态或体验，尽可能地减少主观臆测，对受众进行感同身受式的观察与理解，以获得设计的切入点与方向。与受众感同身受是设计者实现以人为本设计的基本条件，将受众"人"放在设计考量的首位、将受众的需求作为关注点，需要敏锐的洞察力和换位思考的心理，关注受众的生活，观察受众的行为以及行为之下的潜意识，并将自己代入受众的角色，根据受众的体验和标准来设计。此阶段以"设计调研"（Research）为主的工作内容是一个充分、主动寻求设计的限定条件的过程，认识并解决限定条件也是"精准"设计，或所谓有效设计的重要衡量指标，意即"好的设计都可以被精确倒推"的原因。

设计调研的认识方法即获取事实与形成观点，强调实事求是的工作态度，因此也常常是团队成员之间或与客户构成协作关系的关键，优秀的设计团队会借助工具进行设计调研并促进客户与

In design, be logical, search for truth, be clear.

○ 马西莫·维格纳利（Massimo Vignelli）："在设计上，要符合逻辑，寻找真相，清楚问题。"

之保持对设想的同步认知，基于逻辑基础的信息对称也是设计工作顺畅与协调的重要保障。对于比较复杂的问题，可以借助数据统计、算法、问卷设计或测试等方式尽可能接近对问题的真实认识。而大多数情况下，借助图表、象限调研或将问题转化为可视化的沟通等方式更加便于操作，在设计工作或院校课程当中的设计调研多采用此类方法，并将之看作衡量学生思考过程、经验掌握与学习能力的重要标志。

互联网时代大众对主动式信息产生条件反射式的沟通屏障，随即催生出打破媒介界限整合传播的概念，信息传播的多元化与瞄准细分受众群体紧密相关，设计调研在寻求传播渠道的同时，也是将心比心寻求与之建立情感纽带的过程。

在现代设计教育当中，设计技能更应被看作问题的解决能力而非软件或工艺技巧，以设想——转入对目标对象感同身受的认识——完善设计概念与寻求关键限定条件——指导设计进程与实现的工作方法，是现代设计教育区别于经验式、赏析式传统设计教育的重要特征。这个特征也势必产生以学生自主性为先的教学模式，并从根本上解决模仿问题，设计调研所涉及的研究工具掌握、抽象概念视觉化能力、价值与审美素养等内容也应作为设计通识基础技能的极为关键的能力加以重视和培养。

问题定义（Define）

移情（设计调研）与问题定义构成设计初始阶段最关键的阶段，两个步骤在实践当中常常反复进行，以不断迭代完善对设想和概念进行全面清晰的认识，这个过程被看作"理解"（Understand）的过程，结合全部设计调研对设计中遇到、认识到或发现的问题进行整理、分析与界定，问题定义需要回答的是"设计需要解决的问题是什么？"，包括提出问题解决的总体要求，明确问题的性质、类型和范畴，问题的产生根源与背景、解决问题的条件、问题解决的程度等，以作为设计目标与方向的可行性依据，这个步骤也可以叫作定位的过程。

美籍匈牙利数学家乔治·波利亚（George Polya）为了回答"一个好的解法是如何想出来的"的问题，在《怎样解题》一书中对解题的思维过程分解为"弄清问题""拟定计划""实现计划"和"回顾"四大步骤，对设计思维也有很大的启发作用。他指出寻找解法就是"找出已知数与未知数之间的联系……最终得出一个求解计划。"而设计的问题即是寻找"预期"与"现实"之间的联系，并为之寻求解决之道。

问题定义首先确定设计目的所属范畴，如制造领域对应与生产、技术、设备概念相关的产品设计范畴，流通领域对应商品、市场、营销与推广设计范畴，在应用领域对应了行为模式的生活方式设计范畴，或是环保生态所对应的可持续设计范畴等，继而依照设计调研用户画像，针对关键问题（限定条件），以概念定义、观点与理念、关键词、关键元素等形式表达的确定性回答。

在设计造物领域，常见的关键问题涉及用户、需求、体验、使用功能、利益与服务、工艺质量、结构造型、样式与应用心理、综合成本、品牌营销、推广传播等多方面的因素。在设计沟通领域，这些关键问题则可能涉及受众、媒介渠道、信息次序、品牌形象、风格样式、传播成本、沟通体验等因素，问题定义也是对诸多因素的整合与协调的过程，并提出总体性的和原则性的指导方针。

从不同的角度切入会产生不同内容的问题定义，例如从品牌竞争与差异性的角度，常常通过 SWOT 分析法以定义品牌内部的优势、劣势以及来自外部的机遇与挑战。如果从品牌形象塑造的角度，则需要为品牌的价值取向、行为模式、目标受众、性格差异等因素寻找确定的定位。问题定义为设计中包含的大量信息明确了主次关系，帮助指导设计方案构思抓住主题与重点。在实际的设计工作中设计定位也有可能产生调整，这是设计进程不断深化和对设计概念产生新认识的结果，这种变化正显示出设计思维"从认识到发现"的螺旋上升的过程特点。

设计原型（Prototype）

设计原型是一个实施理念的实验过程，这个过程有两个主要的工作内容，首先按照问题定义的约定展开头脑风暴，进行一系列大胆的设想，这个发散的阶段与问题定义构成了探索解决的关系，随即为这一系列包括概念、外观与功能的创意建立真实的模型，与"测试"（Test）构成尝试、反馈并接近实现的关系。

设计原型阶段又多见以"建立"（Build）、"设计"（Design）或"实施进程"（Process）的阶段命名，这些概念分别强调了原型设计对解决方案的创建、计划与理念的实施，并指明设计进程的时间性和计划性，即所谓创意并非灵光乍现、一蹴而就，也非漫无目的的误打误撞的真相。设计原型阶段并不排斥灵感思维，即突发的创造性思维，灵感思维在整个设计进程中只会帮助解决局部的、点的问题，并仍旧需要符合设计调研与问题定义的策略约定。

头脑风暴法是一种可以迅速产出众多设想的方法，多数情况下，所谓的"灵感"在这个阶段充分发挥作用，但必须强调"灵感"绝非毫无来由的神来之笔，依赖神来之笔的灵感做设计等同于守株待兔，是没有任何效率可言的。虽然灵感的诞生常常需要我们打破既有的思维框架，但头脑风暴方法本身还是有据可循的。在设计思维的原型阶段，头脑风暴的主题离不开上一阶段——定义所产生的设计主题和限定条件，确保每一个设想都以解决上述问题为根本目的;在明确这场头脑风暴的主题之后,需要参与者"异想天开",提出的设想越多越好,并且需要参与者不断交流讨论,探讨前一个设想,并为下一个设想助力,接二连三地产生更多更好的创意。设计原型阶段的主要工作是在实际完成设计之前论证方案的功能、效果与可行性,为前序步骤的抽象概念转化为可视与具象的形态以及将已定义的信息、元素进行合理的排序,起到承接前提与结果的重要作用。此时原型成为具体的参照,集合了设计相关各方意愿、理念、执行逻辑,抓住重点以尽可能简明的草图、框架图、模型、样本的形式快速成型,相较于结果更容易修改调整。这种不求高质量的快速制作方式有三个优点:首先在面对众多优秀设想时,快速制作的模型可以初步检验设想的可行性,并且尽快进入测试评估阶段;其次是快速产出的模型可以在任何阶段出现问题时及时止损,防止在不恰当的思路上过分投入;最后也是最实际的一点——粗糙、快速的模型可以以最少的成本得到最优的结果,这对于实际的、大量的生产是必然需要的。因此在原型阶段的前期,原型制作的进度更加重要,完成度和真实度则可以在原型阶段后期或是测试阶段视情况而定。

移动互联时代更加凸显了原型设计的重要性,互联网产品开发设计中交互体验、应用逻辑、服务系统、规则平衡、数据算法等概念都远复杂于工业时代的产品设计概念,同时也催生了适合快速实现原型的多种软件应用,新工具的出现是生产方式在新时代的体现,反映出设计思维的实效与价值。

测试（Test）

　　测试阶段包括寻求反馈、对反馈做出反应迭代、最终完成设计愿望的内容。测试阶段是原型的精细化，以尽可能完整的形态从终端用户获取反馈，继而对整个设计流程的方向、定义、策略（方案）做出相应调整。设计思维的使用者通常力求在尽可能真实的环境下进行测试，这种方法相较于虚拟的、人造的测试环境更加复杂和昂贵，但是可以确保原型得到最真实的反馈，避免后续的产品使用出现问题。

　　设计思维迭代的、反复的特征在测试环节反映最为明显，测试可能发现新的问题或不充分的认识，需要回到原型阶段以尝试新的创意，甚至需要借助调研补充或帮助重新定义问题。测试环节往往不是单程的，一个设想从原型的建立到产品的诞生往往需要多次测试和改善，而产品的诞生也不意味着设计进程的结束，优秀的、负责任的设计者通常会跟踪观察后续用户使用体验，继续测试阶段，以便及时发现和解决设计过程中被忽视的问题，为用户提供更好的产品和服务。测试的实质反映出设计思维非线性思维的特征，设计问题的解决并非依赖标准化的程序，如同武功的一招一式与实战的随机应变之间的区别，设计思维是一种将方法招式组合与应变的思维，从而创造性地解决问题。

　　测试过程也是设计思维强调"与大众一起创造"的集中体现，

是目的愿望的发起方、相关专业人士、设计受益方、受众与用户共同协作与群策的过程,可将测试看作问题解决的重要工作内容,而非简单提供意见采纳对象。测试阶段也要基于策略的全局来衡量体验与反馈的价值,甚至将设计放置更宽的范围,如产品的生命周期、环保与资源利用、健康问题以及与未来产品更新的衔接等角度,以保证更负责任的创造与消费。

基于设计思维的基础训练

　　创造力无法通过间接知识的学习获得，设计的学习应强调实践性、体验性、建构性与交互性的整合。设计教育也可从设计思维的作用机制中获得积极的启示，即基于人的主体性，以多维度与开放的系统，发现和定义学习真正的问题，以良好的学习体验带动发挥学习能动性，创造性地引导可持续的学习能力，这正符合现代建构主义所倡导的——培养善于学习与持续学习的教育观。

　　我们可以将设计思维看作"设计工作的思维方法"，也可以将其看作主动认知的学习方法，在设计教育中，设计思维在各个环节中均可担任不同的角色，在通识基础环节，设计思维作为基础素养的同时，也为掌握自主学习与研究方法奠定重要的基础，继而作为工作方法论的指导贯穿整个学习、作业的过程，最终成为一种能力持续作用于工作与持续进步，终生学习、发现并创造性地解决问题，是设计师职业魅力的根源，不断的认知迭代、系

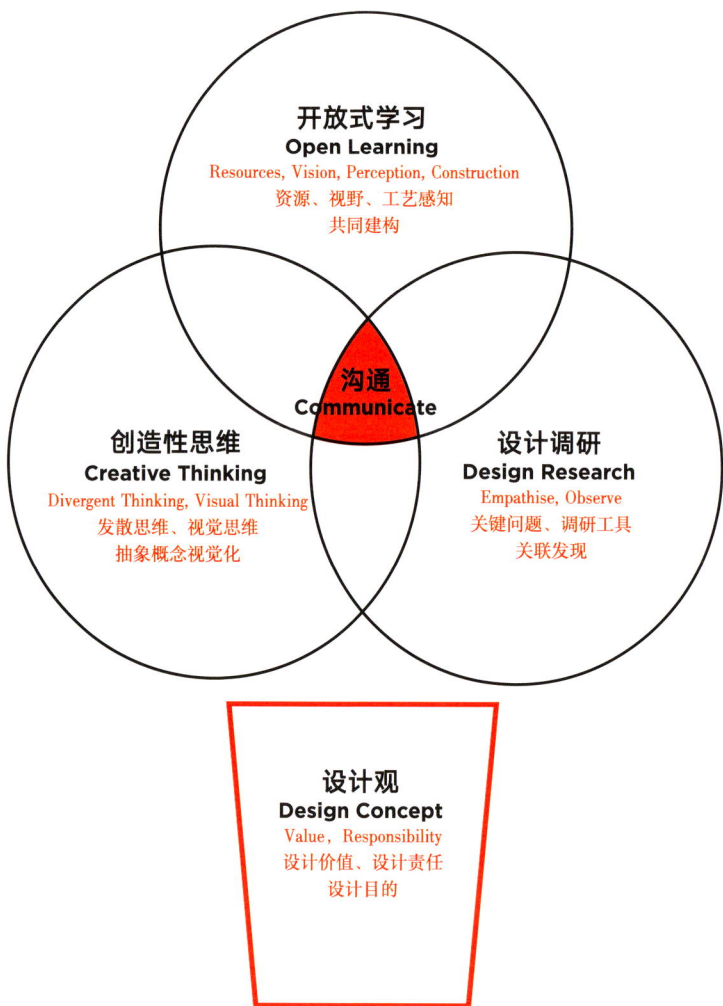

开放式学习
Open Learning
Resources, Vision, Perception, Construction
资源、视野、工艺感知
共同建构

沟通
Communicate

创造性思维
Creative Thinking
Divergent Thinking, Visual Thinking
发散思维、视觉思维
抽象概念视觉化

设计调研
Design Research
Empathise, Observe
关键问题、调研工具
关联发现

设计观
Design Concept
Value，Responsibility
设计价值、设计责任
设计目的

○ 基于设计思维的设计基础课程框架

统更新、迎接并解决挑战也是使创造者永远年轻的真正秘诀所在。

创造性思维是将问题转变为创意的能力，设计思维为创造性工作提供了有效的方法框架，但任何能力的养成都不可能在一门课程内完成。在设计通识基础素养课程中，基于设计思维培养制定的一系列训练计划，可以将其看作对"掌握设计思维的基础"的启发、学习与体验，这一系列的计划首先以学生和教学相关因素的现状为主要研究对象，对问题加以分析筛选，依据课时等相关条件，制作课程计划原型，并透过课程设计与不断改进以争取教学效果的最大化。

相关设计基础课程主要问题定义在：

· 需要共建开放式学习模式，拓宽视野，增进对专业涉及的工艺、材料表现的体验与感知。改变过往主要以单项灌输的教学模式以及资讯获得相对单一和趋同的渠道，以拓宽感知与视野为其培育创意概念与表现土壤；

· 奠定创造性思维基础，包括对于发散思维、视觉思维、抽象概念视觉化的相关素养与能力启发式教学设计，增进设计语言、机能的实效性、准确性与逻辑性。改变对形式模仿的过分依赖；

· 着重对设计调研能力的培养，培养自主借助工具对关键问题以及逻辑关联的认识与发现，以适应设计思维系统各因素、环节所必定需要的问题研究与创见能力。从根本上自然导向原创设计，使学生获得认识问题与解决问题的核心能力。核心能力培养的缺失，必然导致对后续各个课程"从零开始"的表象式、报到式学习的低效和对设计学习兴趣的摧折；

·在全部教学环节中贯穿以沟通、交互为主的学习方式，以探讨与提示为主，启示和尊重独立思考，打破对课本、课堂、教师的单方面依赖；

·尊重观念养成的客观规律，以启发、渗透、熏习为主，在教学全程贯彻设计价值与责任的思考与探讨。

前文提到，如将"学生，学习"为中心，看待设计课程的设计，其本质也是一种产品或服务、规则的设计过程，设计思维教育首先应将学生在校的学习时间总长看作一个整体的规划，同样需要教师团队的高度协作，以学习体验的洞察为出发，备课或将经历原型设计一样的课程实验、环节测试的磨合与迭代，定义设计赋能的建构模型与具体课程规则，划定界限例如避免传统教学当中的因人设课、预设结果（这些预设的结果也常常只停留在教案纸面上）等，并经过多个学期的测试，并在历次课程中对效果与反馈做出即时的调整。可以说，利用设计思维的方法论必将带来真正具备创新驱动与高效能的崭新教研模式。

本书总结了近年的部分课程设计与训练内容，其中包括：

·**开放式学习模块**

1. 共建专业资源包

2. 采集与观察

·视觉思维模块

3. 设计之我见

4. 关键词的视觉化

5. 抽象概念可视化

·设计调研模块

6. 象限调研

·设计思维基础模块

7. 设计思维工作营

以上训练均以学生工作为主体，教师团队需要在课前完备相关教具类内容，课程以学生沟通与陈述为主，结合训练模块的相关知识点，例如设计语言、视觉思维、思维导图、软件与材料等则穿插在具体的训练操作当中。课程实效相较于以往的设计基础教学取得令教师团队振奋的效果，学生能力的提升可在四年的本科学生中持续显效并得到持续的锻炼。当然，历次课程中不断会暴露新的问题与挑战，但教研团队已将之看作必要的正向驱动，我们在鼓励学生面对复杂、不确定与错综复杂的限定条件时，也对解决问题充满了乐观的精神。

类别	价值观 与 方法论	专业核心
范围	设计价值观 / 设计方法论 设计史 / 趋势观察 设计理论	专业核心概念 / 元素 技术软件工具 / 设计法则
内容	书籍 / 网页 / 文章 报告 / 讲座 / 视频	书籍 / 网页 / 文章 报告 / 讲座 / 视频 / 展览 发布平台 / 学习渠道

○ 专业资源包基础框架

Workshop
01

开放式学习模块
Open learning module

共建专业资源包

应用设计	边界拓展
应用门类 / 技术软件工具 设计法则 / 从业方式 动态趋势 / 跨界表现	新材料 / 新技术 新方向 / 新空间 可能性与争议
书籍 / 网页 / 文章 报告 / 讲座 / 视频 / 展览 发布平台 / 学习渠道	网页 / 文章 报告 / 讲座 / 视频 / 展览 活动 / 新闻

框架仅为资源包的建设提供基础建议，各设计专业据自身特点建立，师生共同参与补足与版本迭代，需要强调的是：提出异议、争论或沟通的表现正是学生进入真正学习与认知的状态。资源包最终应作为专业关注趋势与动态的统计报告，成为组织学习的参照与建立共同沟通的基础。

设计思维
DESIGN THINKING

Design thinking is a human-centered approach to innovation that draws from the designer's toolkit to integrate the needs of people, the possibilities of technology, and the requirements for business success.

设计思维是以人为中心的创新设计方法论。设计师需要整合需求、技术和商业挖掘创新价值。

设计转型论
TRANSITION DESIGN

卡耐基梅隆设计学院PhD
学位研究方向

头脑风暴
BRAINSTORMING

创造力训练方法

头脑风暴法又称智力激励法、BS法、自由思考法，是由美国创造学家A.F.奥斯本于1939年首次提出。1953年正式发表的一种激发性思维的方法，此法经各国创造学研究者的实践和发展，已经形成了一个家庭的技法，如奥斯本智力激励法、默写式智力激励法、卡片式智力激励法等等。

情感版
MOODBOARD

情感版广泛应用于系统设计领域
- Interface design
- Websites
- Brand design
- Marketing communication
- Movies
- Video games
- Paintings
- Interior design

解决视觉设计的工具

- 情感版是反映情感、性格、视觉感受的集合，包括颜色、图片、材质等综合因素。
- 设计师利用情感版去定义产品性格、视觉感受、颜色、材质等，并作为沟通工具，阐述视觉定义。

思维导图
MINDMAP

思维导图，英文名The Mind Map，又叫心智导图，是表达发散性思维的有效图形思维工具，它简单却又很有效，是一种实用性思维工具。

拜丑美学
CULT OF THE UGLY

斯蒂文·海勒 Steven Heller

In the early 1990s Steven Heller takes on the word ugly as he sees it applied to graphic design and design education. En route, his views of art history, pop culture and recent design trends are considered in his essay about style and meaning in design.

90年代早期，Steven Heller从"丑感"的视角来观看应用于平面设计和设计教育，他从艺术史、流行文化和设计趋势的来讨论风格以及其背后在设计中的意义。

纽约视觉艺术设计学院研究所
designresearch.sva.edu

AIGA设计资讯中心
eyeondesign.aiga.org

迈克尔·比尔儒特
MICHAEL BIERUT

How to Use Graphic Design to Sell Things, Explain Things, Make Things Look Better, Make People Laugh, Make People Cry, and (Every Once in a While) Change the World.

平面设计可以帮助商业销售、阐释事物、美化外观、调动情感让人开怀大笑，也可以让人潸然泪下，最后平面设计时不时还能够改变世界。

○ 专业资源包案例节选

由不同专业的教研团队，基于自身的学科背景建设专业资讯与学习资源包，内容依据资源包的建设框架建立，并成为本科新生"见面礼"的一部分，这些资源包作为"原型"在教学过程当中不断迭代更新，为保障专业学习沿着

《平面设计史》
The History of Graphic Design
Vol.1 Vol.2
by Jens Muller，Julius Wiedemann

This book is an in-depth history of graphic design from the end of the 19th century to the contemporary times. It traces the evolution of this creative field from its beginning as poster design to its further development into advertising, corporate identity, packaging, and editorial design.

本书是关于平面设计历史的深入介绍，收录了从19世纪末到当代平面设计创意领域的各项重要内容，本书是一本关于了解平面设计的重要工具书

《现代图案文字大集成》
by 浅叶克己

2014年5月，青幻舍出版，336页，开本：258×185×23mm，日语，平装 内容简介：本书中将日本汉字设计技不同的字体、形状、错意地对最想不到文字可以用这样的方式靡现，了志文字，商业流行文字，影像文字 只有你想不到的，没有设计不出的个性文字

《平面设计创意书：50位大师设计的启发》
Graphic Design Idea Book:
Inspiration from 50 Masters

设计思维
DESIGN THINKING

设计思维的核心就是
「以人为本」的设计。

设计转型论
TRANSITION DESIGN

Thetype.com
The Type（Type is Beautiful）是一个关于文字、设计和社会的独立项目，我们关注的话题包括文字设计、平面设计、技术和视觉文化。我们撰述写作、出版、播客、进行等形式，希望加强以公司下设计和视觉文化的认知，以及播广相关领域的观察和研究。

喜鹊造字

北京喜鹊和他的朋友们文化传播有限公司是一个专业从事汉字字库开发的机构，为大家设计开发各类风格的字体，欢迎您莅临咨询！地址：北京市东城区灯市口大街中糖商务楼

个人建站工具
https://cargo.site/

阿里云，墙内建站必用
https://cn.aliyun.com/

西文文字搜索
https://www.myfonts.com/

"专业语境"发挥作用，并随时在与学生沟通互动、商讨增补的过程中获得教学效果、学习效果的真实反馈，资源包并不仅仅作用于资讯与知识方面，也会对设计价值观、设计就业、设计创业以及业界趋势观察具有重要作用，从某种意义上来说，我们的教学关注、讨论什么，即决定了我们是谁。

Workshop

02

开放式学习模块
Open learning module

采集与观察

成员	3~5 名学生 / 组
题目与要求	城市痕迹 观察并采集周边自然或人造物的形状、色彩、质感与构成，并借助工具进行一定的转化和提炼。
工具	铅笔、纸张、橡皮泥、拾色 App 相机、颜料等
作业形式 与沟通	色标、草图、组合展板等 教师提示相关知识点与兴趣点

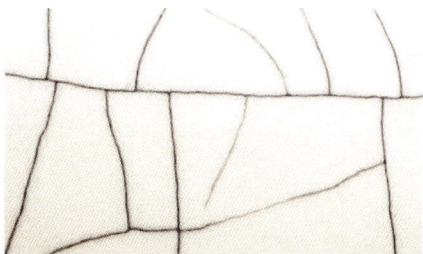

103

生动与鲜活的情感捕捉 ……

一座城市的点滴碎片都反映着城市的生活形态与文化基因，设计师需要善于捕捉这些生动的元素，才能在表现中产生共情力。

不同的肌理、光泽对应的味道、情绪 ……

错构、斑驳的文字构成了信息叠加、繁复的视觉语言……

固定信息、可变信息、时间性、经历的联想……

折叠后的图文构成、色彩与质感连接的应用场景……

观察手书字体的特征、地域习惯……

Workshop
03

视觉思维模块
Visual thinking module

设计之我见

成员	个人
题目与要求	**What's going on in this design?** 观察并依下列顺序发表看法： 1. 你从这个设计中看到了什么？ 2. 为什么？ 3. 还有什么？
工具	设计图像、实物
作业形式 与沟通	陈述与沟通

在传统哲学与心理学中，视觉是人体"知觉"的一种，是对客观事物的直接反应。"思维"是对客观事物的间接反应，具有概括性和抽象性，是一种高层次的认知心理现象。"视觉思维"的概念最早由哈佛大学心理学教授鲁道夫·阿恩海姆于20世纪60年代末在《视觉思维》一书中提出。阿恩海姆在书中阐述了视知觉的理性功能以及"视觉意象"在人类思维活动中的重要地位和作用，并在其基础上提出了"视觉思维"的概念。阿恩海姆经过论证认为"知觉"，尤其是"视觉"，是拥有思维能力的，例如两条相似的直线按照适当的间隔时间前后出现时，人们会把其看成一条正在移动的线，而不是两条静止的线，这就是人类"视觉"的"思维"能力，也就是视知觉。"视觉思维"包含"视知觉"的概念，但其概念的内涵和外延比"视知觉"更加深刻和广阔。

视觉思维并不仅仅是理论方面的认知，也是一种可以被落实的能力与素质。美国的VTS（Visual Thinking Strategies）组织的学者们研究总结出了培养人们视觉思维的具体方法与流程，课程从促进对艺术品的解读到多元信息沟通的各个层面，在艺术、教育、社会沟通、服务等多个领域探讨和实践视觉思维系统的训练。

针对视觉思维不同方面的侧重有着不同的培养方法，VTS对于视觉思维的观察和研究不局限于设计领域，还包含其在艺术审美和趋势报告等方面。并且从研究中认识到，视觉思维不仅能提

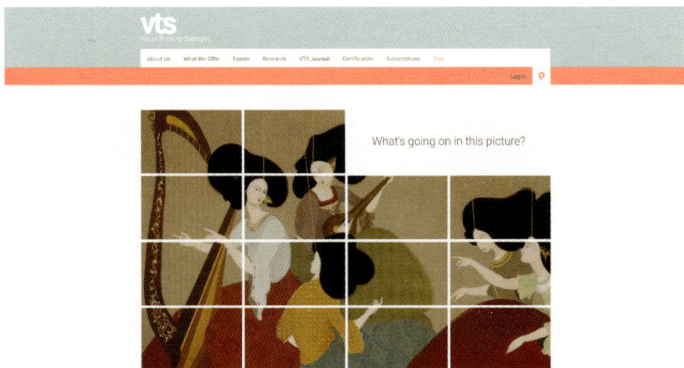

○ 视觉思维策略的官方主页，点明 VTS 训练的主要提问 "What's going on in this picture?"

高人的解读能力，还能促进沟通与思考，最终培养形成一种重要的设计表现力。在视觉思维素养的培养方法上，认知心理学家阿比盖尔·豪森（Abigail Housen）和博物馆资深教育家菲利浦·耶纳温（Philip Yenawine）及其同事合作二十多年研究得出视觉思维策略一整套视觉思维培训方法，简称"VTS"并建立工作室及其官方网站。通过和观察、记录观赏艺术品的观众们相互讨论艺术品及发表自身观点的过程，豪森结合数据收集方法，得出了审美发展的阶段模型,并借此提升了视觉思维策略的具体培养方案。

培养视觉思维的训练内容并不复杂，组织者以"小组"的形式进行教学，所有学员只需要做三件事，观察艺术品，说出自己对于艺术品的感受，倾听别人对于这件艺术品的看法。在看到一件艺术品时，所有学员会被问到三个问题：1. What's going on in this picture?（这张图上发生了什么？）；2. What do you see that makes you say that?（你看到了什么使你这样回答？）；3. What more can we find?（你还看到了什么？）面对教师事先准备的画面，学员们会分别讲述自己在画面中看到了什么，为什么这么认为，训练过程中老师并不讲述知识，学员会透过别人的回答与感受了解人类是如何解读画面的，会在这种回答与交流中了解哪种看法会获得更多的认同，哪种看法不会得到更多的回应，而视觉思维的素养，就是从感知逐渐建立的。

　　VTS 视觉思维素养的培训是完全开放的互动性训练，训练内容是给出艺术作品，由学员讲述他们各自的所见所感，在小组中发表看法，并倾听其他组员的感受与评价，在"表达"和"倾听"中获得收效。课程通过这种互动使学员接触他人的思维，观察他人的思维方式，认识到他人如何解读画面，与自己区别在哪，从而加速自我思维的丰富与转变。吸收他人的发现，以刺激个人认知和发现更多可能性，正是 VTS 训练的核心。训练使一个人的感知引导激发另一个人的感知，从而使学员迅速获得崭新的、不可思议的角度与解读。与此同时，他们在别人的反应中迅速体验到肯定、否定、迟疑或惊奇，这正是日后作用于其观察和创作的基础。某种意义上看，对视觉思维的学习过程很像是人类母语的学习过程。

Design is thinking made visual.

○ "设计是思维的视觉化" —— mr. marcel school。

在教员方面，所有 VTS 的教员都经过专业培训，在学员发言期间不会发表任何评价，以确保维持一个充满尊重、好奇和鼓励对方表达想法的环境氛围。教员被要求在课上必须做到三点：1. 不可表扬；2. 不可批评（意义同上）；3. 重复学员的话（尊重）。不表扬和批评学员是为了防止学员为迎合老师而终止思考，而重复学员的话是对其观点表达足够的尊重。除此之外，课程十分重视对教具的选择，确保选择的图像或艺术品与主题和学员自身相适应。这些教具既要承载丰富的可解读性，又要确保能够引起观察者的兴趣，这也是该模式在不断实践发展中积累的重要价值的一部分。

VTS 揭示出视觉思维的发展和学习过程，认为对于"表达"的学习来自"解读"，反之亦然。"表达"与"解读"共同作用并促进我们超越先前的认知与经验。该教学策略的发现以及方法都借助于旁观者的视角，了解别人对于一件物品的解读与自己的相同与差异，获得更加完整的认知并成为一种有效表达的能力。VTS 的培训模式启示出在认知的输入端恰是培养创造表达力的关键，对设计教育领域有很好的研究与参考价值。

很饱满的苹果，很显眼。我尝试各种画法很难达到这样"标准"的苹果。

怎样才是"标准的苹果"这个问题很有意思，我想到柏拉图。

掉了一块会使这个图形更加特别，为图形制造了特征。换个位置咬、多咬几口会怎样？加上牙印会怎样？好像不需要，并没有增添必要的意义。

咬掉一口，会让我觉得"有人"参与了。可能是牛顿、图灵、白雪公主、亚当与夏娃、帕瑞斯，这些概念都与"开创、尝试、勇敢"有关系，这些都关联到比较积极的含义。

嗯，为什么不是梨？西瓜？是不是苹果含有更多、更明确的积极意义？我还想起牛顿的苹果，圣诞老人的平安果。

记得以前苹果的标志是彩色的，去掉彩色的确减少了一些信息，现在我留意了标志的颜色：黑色、白色或者是灰色，还有金属或者发光的质感，这些颜色好像是"无色"的概念。

"无"的概念是否和禅意有关？乔布斯不是有过参禅的体验吗？越来越觉得苹果的标志很了不起了。

嗯，具体的颜色也许能传递明确的信息指向，但是也限制了更多的联想与可能性，以前多彩的颜色我会想到彩

虹，很多糖果或者玩具也会用这样的色彩。

这个图形我还见过立体质感的形态，扁平化的确更加醒目，也更有想象空间。质感与装饰有时候也许会成为品牌发展的限制。

大品牌常常更新自己的标志形象，这几年比较明显的改变是元素更"少"，或者更"近"，不管是图形还是字体都是如此。

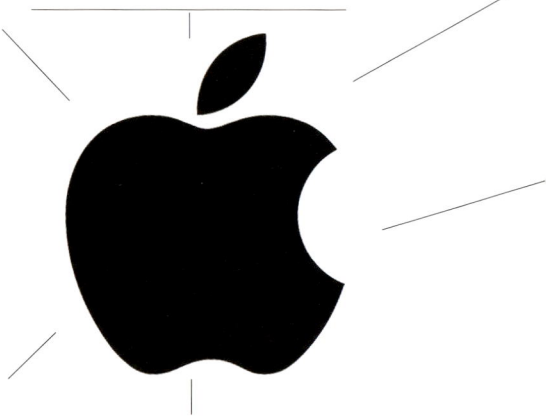

这个图形有撑得满满的感觉，是不是占有面积越大，更容易被看见？

为什么画叶子而不是梗？也会是更容易看见、使效果更清晰的目的吧，梗毕竟是线形的。而且叶子向右边偏移，好像可以刚好贴合咬掉的那块空间，我想这也是"少"吧，元素更统一。

叶子没有和苹果接上，直接接上不合理，应该也不是为了表现从树上掉下

来砸到牛顿那个，否则不会这样平稳。叶子接上的话，在交接的地方会产生两个尖角的白空间，看起来会不舒服吧？而且，这应该是叶子最简练的形状概括，恐怕无法再概括了，最简练的形是否就是这件事物的最本质特征？是不是更具普遍性的符号意义？每件物体是不是都可以被"最简练"地概括？

我又想起来披头士乐队也用一颗青绿色苹果做过封面。

为什么卖水果苹果的，不用苹果的标志呢？我想是因为苹果的图形对于真实的苹果来说，只是普通特征的概括，没有其他联想吧，一件事物如果用另一件事物指代，是否就会产生更多的意义和语言？
……

01 设计之我见案例 Example
苹果

苹果的 LOGO 形象已经家喻户晓，当我们抛弃官方的释义，从自己的角度看这只苹果，读到了什么内容？联想到什么？怎样理解？对照官方释义有哪些异同？在视觉思维训练模块，这些评论不分对错，每个人的解读对于倾听者而言都是宝贵的信息，我们能从其他人的解读中了解到其他人如何看待图像，哪些看法会得到更多认同与共鸣，哪些看法会令人不解。

观看者的解读远远超出过往授课中被专业术语概括的知识，这种参与式观察解读理解、互相交流的方法会比传统教学方法获得更好的效果，在观察解读中会亲身体会到视觉语汇的作用，在讨论交流中互相激发，产生更多的联想与解读方向，从全方位感受一个设计的意图以及如何传达。

很像一个长腿蜘蛛，外星人形象是否也采取了一些蜘蛛的特征，有的还有复眼。我们对未来或幻想类人生物的印象好像被预先设定过。

这一代设计师会不会普遍受到《星球大战》（Star War）的影响？

这件厨具和其他厨具有很大的区别，多数厨具的造型主要是功能决定的。

———

我们刚才尝试了一下，果汁并不一定沿着凹槽流下来，腿上也会有，我甚至不忍心用这个"外星人"来挤柠檬汁，还是摆起来看更酷。

这的确看起来更像一个雕塑，是给厨房的雕塑，为了让"做饭"这件事看起来不大一样"琐碎"的日常的仪式感？

中餐很少用到柠檬汁，我家从来没有用过柠檬汁，我爸妈也不会花 600 块买这个"没用"的东西的，但我会喜欢这个东西，我觉得它很精致，"有用"。

———

对于西餐来说，挤柠檬是日常常见的事，针对细节做这样的设计，会让人觉得生活被尊重了，生活质量体验提高了。中餐文化丰富多元，设计也许应该更多关注里面的细节，在精神或文化上多做有提升的设计。

嗯，料理葱、姜、蒜这类事一定会因

为设计变得更"高大上"。

我在想如果是柠檬色，或者红色、绿色会是什么样子，也许我下次在电脑上改几个大家一起再看看。

是啊，也可以在腿上加上龙纹或者云纹、花纹试试，Why not？设计做到哪里是刚刚好呢？

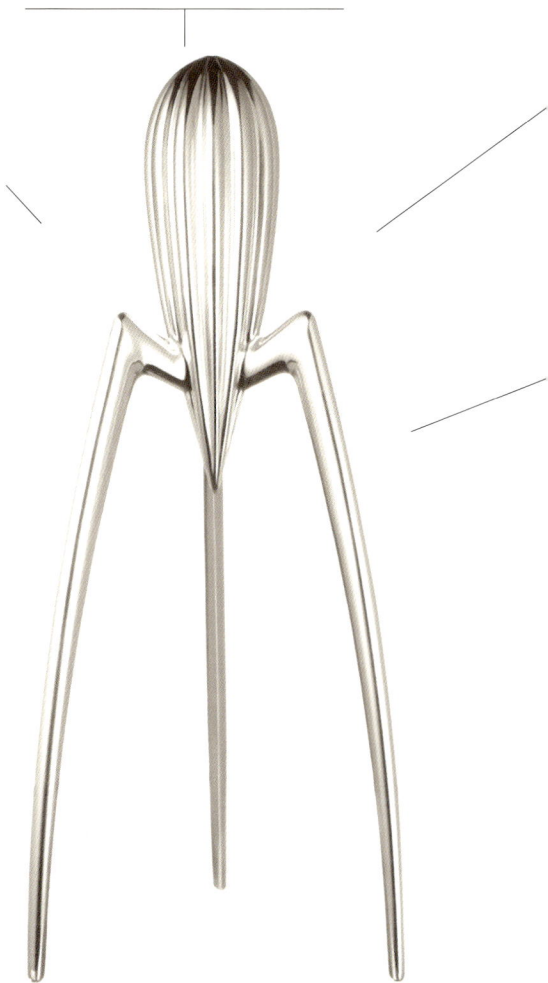

我觉得这件设计看起来"很好玩儿"，它不再是冷冰冰的一件厨具，好像是有生命的，我不会把它像其他餐具一样收进柜子里。

不过厨房里的餐具都这样设计会不会很闹？那样我会生活在餐具的动物世界，这类东西还是有一点就好吧？即便有这么一两样，也需要让整个厨房的用具都用配套的语言吧？就好比一个人会因为一条新皮带，需要换一整身的衣服，哈哈。

一个品牌是怎样决定出产怎样的产品呢？他们与设计师之间是怎样达成一致的呢？这件设计显然不是为"温饱"设计的，制造商一定比较了解客户群，品牌的倡导和用户的趣味比较统一，从这个设计可以看出，产品并不是简单的迎合，制造商仿佛寻找到一个全新的答案满足了双方的观念。

……

设计之我见案例
Example
02 **外星人榨汁机**

　　外星人榨汁机是著名设计师菲利普·斯塔克为阿莱西公司设计的作品，以感情化的情感理念赋予榨汁机特殊异形的形态，在设计界久负盛名。它打破了传统厨房用具庸俗的形象，给了烹饪这件事以全新的意义，是里程碑式的设计，它奇异的形象给人以陌生又新奇的感受。

　　在课程实验当中我们发现，学生的品读与设计师的解释有很多的重合，这与对象名称上加了"外星人"对解读有一定的引导有关系，但文化心理、生活习惯的不同还是引发超出设计初衷的解读。设计的学习，需要大量解读设计、读懂设计，是对设计语汇、语义不断体验的结果，这些问题与角度会将学生导向更广阔的知识资源，有丰富的解读体验与积累以及设计思维素质，原创是水到渠成的必然。

视觉思维模块 / 知识点
Visual thinking module

Tips

设计语言

符号的约定

设计语言是一种符号化的语言系统，既有以形、色、质、构的视觉形式，也包含其作用、机能与风格的体验形式，有其特定的词汇和语法。相对于自然语言，设计语言更容易突破地域与民族的界限，也更加直观与形象，并有着创造性与吸引力的内在驱动。设计语汇将事物的关联意义产生的语义打包，例如"足球鞋＋金"便产生荣誉、佼佼者、赢家的语义；或利用多种事物的内涵与外延创造、重构新的关联语义，例如"在薯条的一端蘸上辣椒酱"模仿火柴的形象，传达点燃、热辣的语义。

内涵是指一个概念所反映的事物的本质属性的总和，是事物的特有属性的反映。概念的外延是指具有概念所反映的本质属性的所有事物，也就是概念的适用范围。例如"车"的内涵概念包括人类创造使用的交通与运输工具，具有能行走、能承载等属性；而其外延，就是具有这些特有属性的事物，即自行车、汽车、火车、摩托车以及其他具体的车辆。符号是人们共同约定用来指称一定对象的标志物，设计语言则是利用事物的关联意义约定的符号系统进行编码表达的语言形式。

在将抽象概念进行图形化、视觉化和符号化表达的过程中，将信息精准化并使其具有充分的可理解性是十分重要的，这也包括客观、诚实地对待受众的解读，即"可理解性"。设计者在将视觉思维转化为作品的过程中，时刻要准备与不同职业、文化背景的观者进行对话。

一个图形能否被准确理解主要依赖于"约定"与"动机"的平衡。大卫·克罗（David Crow）在其著作《视觉符号：视觉艺术中的符号学导论》（*Visible Signs: An Introduction to Semiotics in the Visual Arts*）中提到了"约定"与"动机"的定义及其运作过程。"约定"指的是人们在经验积累下对于图像符号含义理解的某种共识，或者说是设计者和观众之间对于符号的某种默契和认同。例如经典的"火柴人"符号，一个实心的圆形图案下加上单线的身体。几乎所有人看到这个图形脑海中都能意识到——这符号代表一个人。这是一个极其抽象的图形，和真正人类的形象相去甚远，但因为其"约定"程度极高，几乎所有人都能理解其表达的含义，正因如此它经常被应用于各种公共标识中，代表"人"的形象。如果一个图像符号"约定"程度不高，又极其抽象让人很难看出其原形的话，人们就无法理解这个图形符号的含

防护功能的鞋

保暖与呵护的鞋

运动功能的鞋

鞋的概念

鞋的外延

可爱与年轻的鞋

时尚的鞋

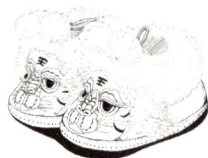

传统民俗的鞋

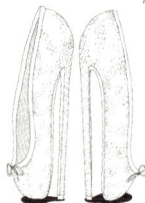

浮夸的鞋

高跟鞋 + 水晶 -> 奇缘

鞋 + 恶魔鱼叉 -> 权威

足球鞋 + 金 -> 荣誉

鞋的关联

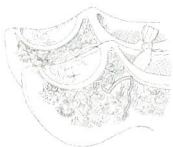

鞋 + 木质 -> 文化符号

鞋印 + 探月事件 -> 探索

金莲小鞋 -> 桎梏

鞋 + 事件 -> 羞辱

义。"约定"来源于人们长久以来的共识与认同，而与共识相去甚远的图形，就需要更加形象化，以便于观者理解。换句话说，与"约定"联系不大的符号，则需要更高的"动机"。

"动机"是指视觉图形与设计者想要表达的概念信息之间的关联。比如一张"照片"就是一个"动机"很高的符号，因为它把想要传达的信息纤毫毕现地显示了出来。一个"动机"很高的符号是相当图像化的，包含了很多观者的"先验"因素。例如：一个孩子在涂鸦时的照片其"动机"就很高，而一个孩子涂鸦的"动机"则不如涂鸦的照片更高。"动机"越低的视觉符号，对"约定"的依赖度就越高。

当我们把一个概念转化为视觉符号时必须考虑"动机"与"约定"之间的平衡，使观者能够准确理解符号的内涵，而这个信息"编码"的过程要力求简洁、语序恰当、避免信息噪音，以确保符号本身的冲击力。例如我们要以"愤怒"、"尴尬"、"深思熟虑"、"恋爱"、"震惊"、"兴奋"等关键词为主题，设计出符合主题且易于理解的简易图标。设计要求作品清晰简洁、有冲击力、易于理解，这种"易于理解"的标准不只针对设计师和相关职业从业者，同时还要让其他不同职业、不同文化素养的人也能够顺利理解。这就要求设计者在简化图标视觉形象的同时，努力抓住"约定"与"动机"之间的微妙平衡。在尽可能抽象简洁清晰的大标准下，有足够大众性的"约定"程度，让所有人都能无障碍解读符号中所传达的信息。

设计语言通过符号编、解码达成语意传达，在设计"造物"与"沟通"两个领域，设计语言通过形、色、质、构呈现，甚至在今天，机能操作、交互体验、应用逻辑都可被看成设计语言的重要因素，任何细节的冗余都会导致语言不清和对解读的干扰，但如果细节过少，符号形象过于抽象，同样也会干扰理解。"约定"与"动机"的和谐统一是一个符号能否精准传达信息的重要因素。例如箭头的符号从人类文明之初流传到现在，全世界的人无论地域国籍、文化水平和职业类别都能精准的理解它所传达的"导向"的信息。这就是一个"约定"成分极高的符号，并且和表示抽象程度的"动机"完美保持平衡。除此之外，我们所熟知的公共厕所中男厕女厕的标识。圆形和正三角的组合表现出了女性的形象，圆形和倒三角的组合则表现出了男性的形象。这本是极度抽象的图形，却因为长久以来在人群中达成共识，能够准确传达信息。这种极简抽象的图形因为足够高的"约定"成分，几乎所有人都可以理解符号所传达出的意义。如同文字或语言始终处在变化发展的过程，设计师除了恰当的运用"约定"，也可通过提高"动机"以引入、推动创造新的设计语言"约定"，设计语言即"约定"和"动机"动态平衡的结果。

可视的转化

值得注意的是，近年来越来越被艺术与设计工作者、科技与数字信息研究者关注的信息设计，更多利用视觉化——这一原本属于科技领域的——借助于图形化的手段有效传达信息的方式，以提高人们应用信息的效能或拓展信息体验的新领域。信息视觉化以繁杂的"数据"为起点，将其重塑、简化、转化，使之可被更加充分地感知，并赋予其审美的价值与超越数据的可用价值。"数据"是事实，而"信息"则是对事实解读或诠释的角度，这为设计师开拓了全新的信息研究与应用领域。

设计师蒂姆·诺尔斯（Tim Knowles）即通过转换的形式将风转换为可见的作品 *"Tree Drawing"*，将绘画工具固定在树枝上，并在前面固定画板，这些被风吹动的自然轨迹借此被看到和记录，即关于"风经过这棵树的样子"。另一个例子可以更容易帮助我们理解这种可视化的转换，设计师卢克·耶拉姆（Luke Jerram）将 2011 年发生在日本东北地区的地震通过计算机辅助的可视化雕塑——这个代表了地震 9 分钟过程波动的实物，将数据用新的形式表达，也使我们改变了以往通过震级、烈度等数据概念的读取体验。

数据的信息视觉化转换为设计师提出了更高的要求，如数据搜索、软件应用的技能和经验，拓展了在叙事与视觉化方面符号语义关联的边界，也提示出善于移情的设计师，透过设计语言转换，可以让我们看见更多，并看得更为清楚。

现代设计在解决物质与功能、信息传播的问题之外，更注重深入至情感关切的层面。对于情感设计的理解，通常是附着于功能之外的形态、色彩、材质的"情感外貌"，但也存在强调人与物品情感交流为主要目的的设计创作，这种"为情所生"的设计拓宽了对"可用性"的认知，是对满足生理与安全之上更高层次需求而设计的更为深远的人性关怀。相较于"数据"这样具体、真实的信息，像"感伤时光流逝"这样抽象与感性的概念传达，也可通过设计将其以可视、可感的形式呈现，这是属于设计的"诗与远方"，现代新技术与媒介的发展，为情感的可视化设计带来了更加广阔的机遇，设计的措辞与文法也借此不断地得到发展。

○ 365 Knitting Clock 织围巾的钟 —— 德国设计师 Siren Elise Wilhelmsen

挪威设计师 Siren Elise Wilhelmsen 在柏林 DMY 国际设计节上展示了她的 365 编织钟。时钟包括一个带 48 针的圆形编织机，一个线轴，一个线夹和一根纱卷。该设计旨在使时间成为有形的物理事物。它顺时针移动，一年后，产生了一条两米长的围巾。

时间对于人的意义绝对不止于分秒刻度。自钟表诞生至今，人们借助于刻度与指针来认识时间，但同时也失去对时间更为深刻的灵魂感知的能力。情感设计也可将我们解救于匆忙、紧迫的分秒必争，透过设计的转化为我们带来"逝去即获得"的哲学启示，设计不仅为满足需求，也需要为反思而创造。

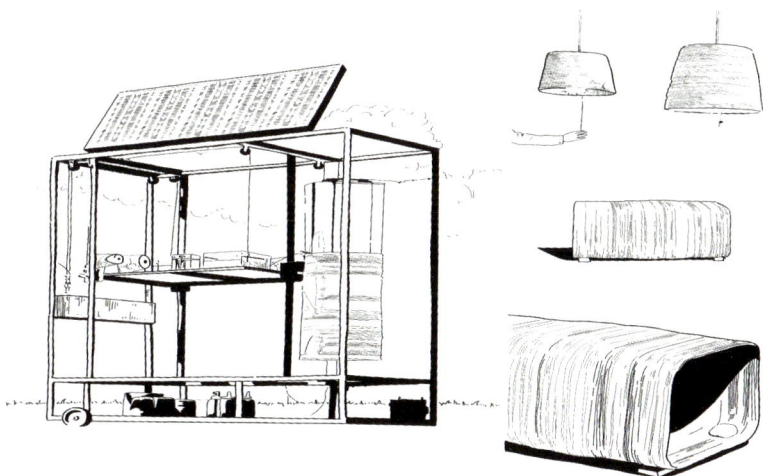

○ The idea of a tree 树的想法 —— 卡塔琳娜·米切（Katharina Mischer）& 托马斯·特拉克斯勒（Thomas Traxler）

艺术与科学的互动会带来令人惊奇的设计解决方案。Katharina Mischer 和 Thomas Traxler 设计了一种太阳能机器，可以记录自然光的变化并将其转化为家具等产品，方法是通过一罐染料和一盆树脂画出螺纹，最后将它们缠绕在旋转的模具上，机器旋转模具和画线的速度取决于阳光的照射量"记录"，因此每种产品的形状和颜色都是独一无二的。

这件作品可以像人类一样"日出而作，日落而息"，一天的阴、晴、明、暗被加以注视和铭记，并转化为三维可见的物品，利用装置、机械、程序将一时、一隅还原出本来的价值，我们与创造物的关系也因此被升华。

125

Workshop
04

视觉思维模块
Visual thinking module

抽象概念的视觉化

成员	3~5 名学生 / 组
题目与要求	阶段 1. 搜集 5 所世界知名时尚设计院校的形象宣传所用图片，分析并提炼出形象个性的关键词（8 ~ 10 个）。 阶段 2. 讨论并筛选北京服装学院形象宣传的关键词，并为其选择配图。
工具	互联网、印刷材料、打印机
作业形式 与沟通	结合幻灯文件进行陈述与沟通、过程总结，最终选择实物展板展示

1 阶段 Step

读取关键词

a. 安特卫普皇家艺术学院（Royal Academy of Fine Arts）

图片筛选与关键词概括

不落俗套

人性表达

酣畅淋漓

乐于投入

自成一格

兼容并蓄

标新立异

开放沟通

本阶段采集图片以近年发布为主，在各组讨论图片中传达语义的过程中，可先忽略对象已有的宣传与解释，采取发散、归纳、辨析的一系列沟通后做确定性的陈述。讨论过程以学生为主，结论会出现几轮的反复，教师在全程注意逻辑引导，避免直接参与意见。

127

b. 阿尔托艺术、设计与建筑学院（Aalto University School of Arts, Design and Architecture）

图片筛选与关键词概括

化纤科技

当代视角

友好平等

好学气氛

情境舒适

完备专注

互通有无

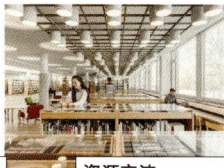

资源充沛

视觉思维并非看图说话那般直白，在具体的设计，尤其是沟通与传播领域，可能在图像中深藏历史、哲学与艺术、利益与承诺、品质与信赖等信息，设计的本质是创造性地输出，其前提是充分与持续的输入。

c. 中央圣马丁艺术与设计学院（Central Saint Martins）

图片筛选与关键词概括

自然放松

先锋时尚

专注学习

开放有序

创新协同

兼容并蓄

独树一帜

文化多元

惊世骇俗

艺术跨界

法国作家、思想家罗兰　巴尔特（Roland Barthes）在《明室：摄影札记》（*Camera Lucida: Reflections on Photography Roland Barthes*）中以观者与照片之间的互动为考察的中心，把照片的意义分成两个部分：意趣(Studium)和刺点(Punctum)。前者是摄影师通过作品向观者所展示的可以理解和交流的文化空间，而后者则是照片中刺激和感动人的局部与细节，也即让人为之着迷的地方。

129

d. 帕森斯艺术学院（Parsons School of Design）

图片筛选与关键词概括

时尚突破

动手实践

科技进步

真实捕捉

积极作业

专心致志

时代速度

照片借助显性或隐性的形式传达信息，照片中除了显而易见的"物"的内容，更多有关"事"的内容却更多运用虚实主次、大小明暗、节奏序列等诸多隐性的手法传达，在观看与体验中获得感知相较于语言或文字的转述更为有效。

e. 柏丽慕达时装学院（Polimoda Institute of Fashion）

图片筛选与关键词概括

专心治学

华丽背景

历史取材

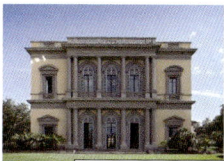

正统传承

高端尊贵

多元经典

魅力不凡

这些精心摆拍与挑选的照片虽然看上去缺乏"编码"的意图，但图像本身对于视角、视阈的框定、内容的安排都是经过深思熟虑的造句过程。本模块选择了没有柔焦、重复曝光、印刷网纹、单色调等效果手法处理的图像，意在从最少的意图中培养读图的素质。

在第二阶段，关键词的制定类似问题定义（Define）环节，组员需要对关键
词进行讨论以统一认识，并展开海量的图像收集，然后在不断的比较、争论
过程中进一步加深对关键词概念的理解，在作业的后期阶段，进入越来越细
微的品读与选择，图像中信息量、信息次序、语义清晰度、干扰信息、信息
余音等都成为重要的筛选因素。

青春风貌

时我之尚

开放多元

治学严谨

丰富实践

探索前沿

匠心独具

多彩呈现

抽象概念的视觉化

Workshop

05

视觉思维模块
Visual thinking module

趋势概念的形色质构

成员	3~5 名学生 / 组

题目与要求	阶段 1. 解读流行趋势报告，分析抽象概念的提取与视觉化工作过程。 阶段 2. 为命题概念转换为形状、色彩、质感、构成的视觉形态。

工具	互联网、趋势报告、打印机等

作业形式 与沟通	结合幻灯文件陈述与沟通，最终分析与报告、实物册展示

1 阶段 Step

解读流行趋势报告

抽象的概念与感知需要借助视觉化才能达成设计者与观者之间的沟通，在设计过程中，首先要从抽象概念中提炼出关键词，关键词的视觉化是确保信息准确沟通与执行的关键，其所界定的视觉元素也常常是指引下一阶段工作的重要构件，并最终作用于设计问题的解决。

抽象概念的视觉化往往是流行趋势报告所要呈现的主要内容，在流行趋势报告中，设计团队一般会首先做市场调研，并对大量调查数据、影响因素进行深入分析，从而得出市场需求的基本特征。随后，报告者会对流行时尚未来的发展趋势做出分析与预测，而团队则要把得出的结论性概念以视觉化的方式呈现为趋势主题。趋势报告首先会解析概念并用关键词来加以解释，即确定整个趋势主题的核心概念，然后寻找符合关键词的具体形象，并把和关键词相近的形象归结在一起，最终找出最接近流行趋势概念的视觉元素。

01 2013 Stylesight 流行趋势
灰烬盛放主题解读

　　加布里埃·香奈儿（Gabrielle Bonheur Chanel）说："时尚并不仅仅存在于服装中。时尚存在于天空中、街道上，时尚与理念、我们的生活方式以及周遭所发生的事件密切相关。"一个时尚趋势的诞生都是经过大量调研把所得概念抽象视觉化而成。在时尚领域，开启一个系列，建立一个流行趋势要先从选择一个概念开始，并且确立描述性的、抽象的、概念化的主题。在确立主题后展开调研，从各个渠道获取大量资料，寻找合适的图像来全面深入解释主题。之后从这些合适的图像里抽象提炼设计基因与形色质构，并把其应用在各种时尚产品上。确立一个系列的主题概念时，首先需要的是对整个社会各个方面趋势的调研，从中获取流行趋势的大方向概念。除调研之外，确立概念还需要考虑的是在接到任务计划时脑子里首先闪过的事物，应用上文提到的头脑风暴和象限等工具整理归纳理顺思维并激发创造力，这有助于对各种理念整合为潜在的主题或概念。主题概念是一个好的系列设计的精髓所在，它会使设计独一无二颇具个性。好的设计团队会挖掘自我个性、兴趣以及对周遭世界的看法等诸多方面，然后将其融于设计之中。

　　以 2013 年 Stylesight 时尚趋势调研预测为例，Stylesight 公司

经过大量调研，从社会经济、政治等方面的专家评论和数据趋势中总结了当季趋势，调查显示东方的发展已经开始逐渐取代西方的主导地位。随着经济发展，制造业从欧洲逐渐缓慢往亚洲各国转移，东方的消费者的消费能力不断增强，商业蒸蒸日上。在西方经济崩溃的时候，东方却欣欣向荣。Stylesight 公司认为西方世界必须调整方式，从废墟中寻找新的契机，涅槃重生。从而确定了大方向主题概念：东方已经成为新的西方。

2013 年 Stylesight 时尚趋势调研报告的关键主题之一"灰烬盛放"，这个词语包含了"事物的毁灭"和"毁灭中带着希望与新生"两重含义，其暗含了西方世界的经济从废墟中重获新生这一内涵。设计团队研究雕塑家、画家、摄影师、装置艺术家、服装设计师等艺术大家的作品，借鉴调研艺术各界对于这一趋势概念的解读诠释，从中寻找解释概念的角度与方法。最终确定了四个关键词：灰烬盛放，夏季深色，质朴素净，哀悼。并对四个词语做出了解释。

1. 灰烬盛放：灰烬弥漫的边缘与粉尘纹理激发烧焦炭化的材料，而胶黏涂层则模仿熔融焦油。2. 夏季深色：一系列近似的黑色以全新手法混搭，为春夏季打造立体与深邃感。3. 质朴素净：僧侣服饰避免炫耀华丽，而采用简约线条和低调细节，从而使谦逊风格占据主导地位，无色设计的调色盘加以强化。4. 哀悼：通过透明材料、手工蕾丝与些许恐怖意味，进行悼亡仪式。

灰烬盛放

质朴素净

灰烬
破晓

夏季深色

哀悼

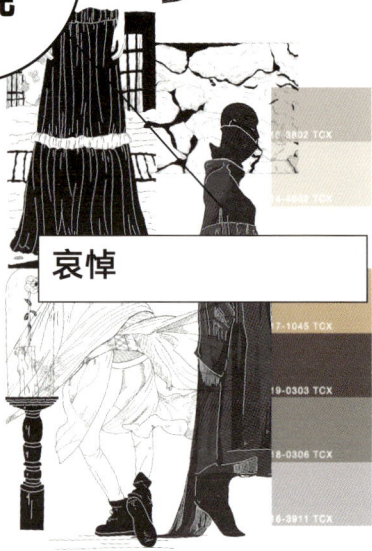

趋势诠释者从寻找被毁灭了之后又有另类美感的事物入手，试图用图像来解释这些关键词。例如火灾过后的建筑，燃烧过后的木材，还未烧完、边缘焦化的纸片，生锈布满铜绿、破损但有着另类奇异美感的铜质雕塑，等等。这个过程需要团队进行大量的汇总、讨论与斟酌比较，以遴选出最具代表性的形象。继而从已确定的视觉形象中提取设计因素，也就是提取具体形象中的造型、颜色、材质与构造等，以便把复杂的概念清晰地显现出来。例如烧焦表面变黑的粉尘感，不规则布满灰烬仿佛毁灭余烬般的质感；未烧完余烬仍发出暗淡的光芒，模仿烧焦碳化边缘纹理的细致损毁效果和渐变效果；超凡脱俗，修长飘逸的垂感，以森严的美感打造轮廓；黑色、云杉、青色、炮铜色与云灰色产生微妙的组合，将近似的黑色与天然粗犷色调相糅合，产生精致成熟感的色彩等。确定怎样的因素准确表达了主题概念，哪些因素能成为准确表达趋势报告和指导创新工作的代表性设计基因。并由此引申、延展和提炼设计元素，以完成整个趋势报告的视觉表现。

这个过程可以说就是对设计基因中抽象概念的视觉化。设计基因视觉化的过程，就是以视觉思维为基础，将抽象概念转化为形态、色彩、质感、构成的视觉化因素，常常由具备丰富经验的专业人士，针对从概念中提取的关键词进行多轮谨慎的讨论与甄选，以确保趋势概念透过视觉化这一唯一途径进行精准的传达。因此我们也可以说，对于流行趋势的参考与解读并非仅针对趋势研究结果的浅层照搬，而更应了解其概念产生与视觉语言转化的逻辑。

02 WGSN 2020/2021 秋冬女装风格趋势概念 —— 贴心舒适

在 2020 至 2021 年 WGSN 的女装时尚风格预测中，WGSN 通过对社会生活与工作背景、经济发展、艺术设计风格等数据、评论的调查，显示随着人们在家里生活与工作的停驻时间增长，家成了多功能生活系统的一部分，个人与家庭、时尚与功能之间的关系也在不断变化，服装风格的迭代也随之变化。如今流动化工作模式已改变我们对家的使用方式，现代科技使传统户外活动纷纷入驻室内，办公、运动、学习、娱乐、饮食等各项活动都可以通过智能设备在室内完成，人们足不出户也可以满足实现衣食住行的基本需求。

因此 WGSN 将"贴心舒适"作为 2020/2021 秋冬女装风格趋势的主题之一，重新定义女装时尚在未来家庭生活中扮演的新角色。WGSN 的成员研究插画、时装、运动装、室内设计、配饰、雕塑等领域的趋势和新作，通过研究不同领域、不同设计师对于"贴心舒适"这一概念的理解与呈现，将秋冬女装"贴心舒适"主题提取出四个关键词：舒适至上、满足感、多用途和环保主义，这四个关键词从服装的版型、颜色、材质、印花等方面解释了"贴心舒适"这一主题。

舒适至上：室内使用时间增加，既实用又时尚的服装成为设计焦点，符合人体工学的裁剪、柔和舒适的面料、低调奢华的高级用色成为首选。

满足感：丰富柔和的褶皱和印花在日常的造型之上提供了女性气质和装饰感，在简单之外也提供了审美上的满足感。

多用途：服装的趋势更偏向迎合身体而非与身体对抗，日常便捷穿着的服装也更加具有时尚感，能够在私人领域和公众场合、居家和生活间无缝切换的单品将成为焦点，同时满足工作、休闲和娱乐等需求。

环保主义：用自然风格印花取代皮草纹样，用抓绒、长毛绒、柔软纱线等材质营造更加温暖、舒适的使用感，在保证秋冬温暖的同时促使设计师和消费者更加关注自己的行为对地球带来的影响。

以上的关键词是 WGSN 通过对人们生活办公背景、消费者心理、设计价值观念等不同趋势的分析和探讨，得到的最具概括性的四个关键词，继而从造型、颜色、材质和构造几个方面在不同的参考事物中提取出不同的元素，更为清晰明了地呈现对于关键词的解释。例如柔软且有弹性的舞蹈服装布料给人以柔和亲肤的舒适感，抓绒和长毛绒的材质产生温暖、被环绕的安全感，蓬松且带有褶皱的设计增添了审美趣味，大理石纹和风景印花丰富了视觉效果，牛仔服饰或是室内设计的部分做旧元素有着舒适的颜色和更长的使用时限，曲线结构柔和且没有拘束感的雕塑作品呈现出自由轻松的艺术感等，这些元素从不同的角度诠释了贴心舒适的概念，并可以借由这些元素提炼和延伸设计方向，组成2020/2021 的秋冬女装风格趋势概念。结合关键词、参考事物和背景趋势，WGSN 从主题、色彩、面料、图案、工艺和单品参考等几个方面对趋势进行了预测。

这一过程是从趋势中提取出抽象概念、又将抽象概念视觉化的全过程，需要对社会、经济、文化、艺术等多种因素全面整体的调研。对于抽象概念的视觉化过程中，也需要专业的设计者抓住抽象概念的要点，以精准、没有异义的视觉元素传达出抽象概念，确保抽象的概念以可视的形态呈现出来。

重塑女性气质：前几季女装一直受到男装影响。新十年的开始，设计师更注重用俏皮感重新诠释女人气质：

1. 甜美奢华

与当前风靡的男装风女装相对，俏皮设计挑战了传统女人味的概念。这一基因灵感源自 Yuhan Wang 的超妩媚女装，内衣风细节营造便服风，紧身衣、拼接、紧身胸衣组件为设计注入纵乐感。

2. 柔和复古

复古室内设计和图案让 20 世纪六七十年代造型回溯并更显柔美，通过时尚镜片和削减配色，让复古印花、醒目几何形、家具风花朵变得现代。该因素注重用现代女装版型和纹理表现方式更新服装，过去的女性服装代表元素虽然受到了男装风格影响，但并没有失去其温柔、简约的精神，并且更加适合现代简约实用的服饰趋势。

在材料基因方面的可视化形态包括：

1. 华丽毛绒

人们对于日常奢华的关注将不断推动天鹅绒、灯芯绒等常见内饰风格面料，更柔、更轻的开发与宽松茧形相搭配，更加展现细腻触感。具有柔顺触感的微光天鹅绒以及毛绒细条纹光面呢和灯芯绒，平衡极致触感与实用耐久性，连接休闲与正装类别；棉呈现哑光质地，与丝绸、人造丝等的结合开发丝质光泽，使日常穿着的服装也具有时尚感。

2. 磨损做旧

柔和做旧、染色及褪色强化了跨季节考究与休闲面料的复古与耐用外观，做旧的样式视觉上增添了居家的舒适感，磨损的面料处理方式增加了面料的实用性与耐用性，延长了服饰的使用时间。可以通过染料不均印花或刮擦表面色彩以制造污迹效果，

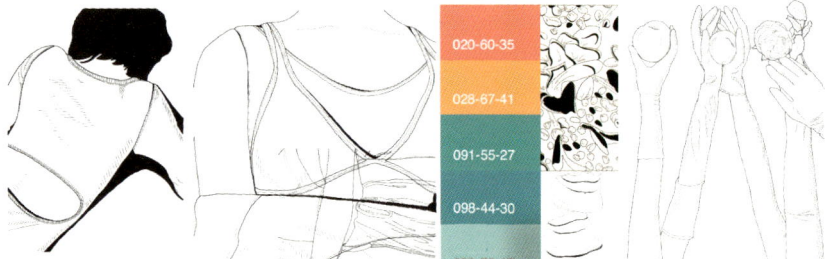

舒适至上

满足感

贴心
舒适

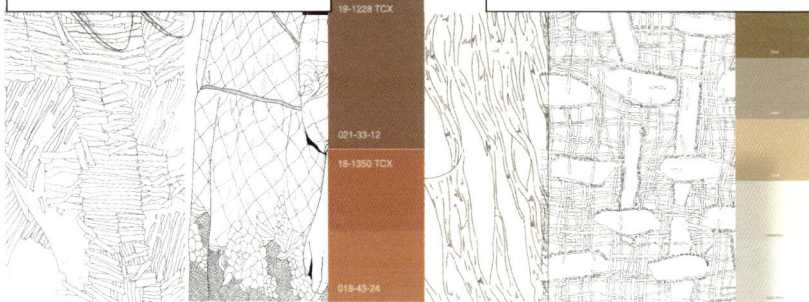

多用途

环保主义

同色调套染形成做旧色斑,或采用数字印花这一生态无染色工艺。或者考虑通过色调渐变和粗细纱线对比,创造出具有细腻服饰外观的抽象提花。

3. 修补纹理

可持续的理念一直都是各个领域所不断追求的,以贴心舒适为主题的服装将适用背景聚焦于舒适自在的室内,因此修补纹理的材料工艺将滞销库存解构并拼接成新面料,用废弃纱线重新编织以实现再利用的同时,也提供了居家的舒适感和自由感。修补纹理以剩余纱线创造性地重塑粗花呢,专注于装饰性做旧提花或磨损及簇绒效果,顺应当下的环保趋势,这一材料基因主要采用棉质丹宁、经典羊毛、混合纤维纱线以及闪亮的长丝和金属丝。

2 抽象概念可视化阶段
Step

抽象概念可视化训练
——"佛系"主题

社会快速发展，新事物层出不穷，不断冲击着人们的接受能力。在快节奏生活与都市丛林的生存压力应激效应下，涌出一批"佛系青年"。"佛系"作为当代年轻人的日常调侃自己的标签，最早出现一词源于 2014 年日本杂志上介绍某种男子品行：外表与常人无异，但内心喜欢按照自己的方式和节奏生活，不想在其他方面费神，其典型表现是指无欲无求、不悲不喜、云淡风轻而追求内心平和的生活态度。既已成为一种社会流行现象，其对于时尚或设计一定产生相应的影响，调查小组进行分工，从不同角度了解佛系特质，按照佛系的特点进行分类，总结出相关特点，继而为抽象化的概念适配视觉化的形态。

无为随性：一切顺应自然，按照客观规律运行，任凭潮起潮落、花开花落、无忧无虑，无思无想，远离颠倒梦想，心无挂碍，随遇而安。春去秋来，落叶归根。从秋季生命更替的特点，感慨世事无常，变化万千，对得失心的接纳，以落叶，红墙，夕阳暖色系给人平静温和的感受，秋天的色彩表达对事物瞬息万变的态度。

淡泊节制可以养神，宁静致远可以养志，怡情适性可以养和，观空自在可以养心。佛系青年对生活态度不停留于物质，对金钱生活的追求不断减少，对欲望的克制，保持内心不骄不躁，在物欲横流社会，宛如荷花一般，出淤泥而不染，茶般淡雅，素色质朴的麻衣，拒绝浮夸的装饰，保持寡欲心境。

自然为本：道教独特"四大养生法"返璞归真，"人法地，地法天，天法道，道法自然。"老子认为人的一切都应顺应自然规律，不要悖天地之理。减少人工的痕迹，不以新潮为目的，保持自然原有的样子，展现事物本来的面貌，树叶的轻薄，木纹的呼吸感，不同物质的肌理，带着原始的印记。回归自然，暖色调的绿色，保持着人与自然最质朴的关系。

黑白极致：黑白美学，简洁不简单。有人爱色彩的飞扬，有人则坚持双色哲学。黑与白，时尚界最纯粹也最意味深刻的美学表达。黑与白，即极致，即唯美，摒除掉五彩缤纷之后，来得更为直接而简洁。坚定黑白信念，不掺杂外物。黑白两色，它表现的是一种永恒与稳定，这一切都是在追求视觉的真实中自然而然地得以实现的。目标单一，追求极致。墨色的框架，洁白的瓷器，棋盘式的布局，用最简单的线条表达力度。

无为随性

淡泊节制

凌乱中不失美感，规律中不失随性。风随我动，无拘无束。世间万物的变化不去刻意改变，保留内心的想法，保持最舒适的状态。雪花落下的角度，水花激起的涟漪，看似随意，却遵守着自己的秩序。

淡泊明志，宁静致远，远离欲望和贪婪。不被世俗缠身，放下多余的杂念。一杯茶，一个安逸的午后，足矣。不追求艳丽的色彩，夸张的装饰，素净淡雅，心中宁静，粗布麻衣。节制欲望，知足常乐。

自然为本

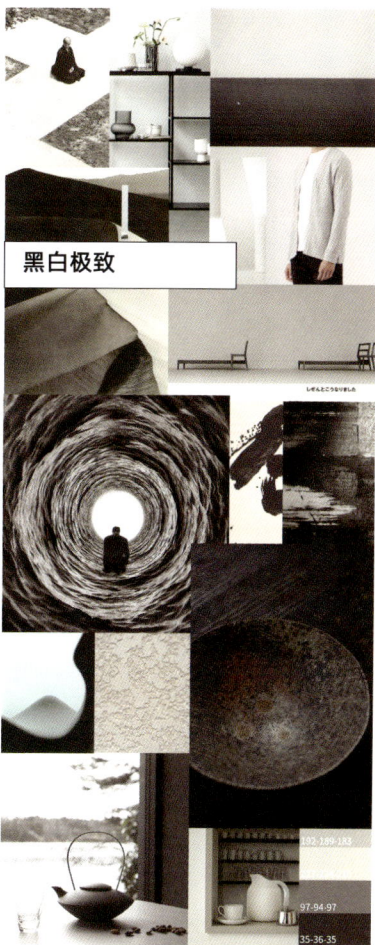

黑白极致

伴随着大自然的力量，万物按照自己的方式生长，孕育出独有的纹理。溪水冲刷着光泽的鹅卵石，静谧地躺在河底，金黄色的小麦挺拔屹立，麦芒迎着阳光生长，交错编织的麻布，缝隙间透露着呼吸。

集大成者，混沌之源就是黑白。黑色是神秘深邃，无尽的探索：白色是空灵淡雅，明净高远。光影下，事物分成阴阳，抛除杂念，最简练最纯粹的概括。木炭燃尽的黑色粉末，水汽蒸腾的白雾，升华过后，最后留下的才是内心深处的追求。

149

Workshop
06

设计调研模块
Visual thinking module

象限调研

成员	3~5 名学生 / 组
题目与要求	阶段 1. 根据命题进行问题定义（4 个关键条件的制定）。 阶段 2. 根据 4 个条件设定放置调研获取元素，并理清元素关系。 阶段 3. 发现并阐述各条件的关联。
工具	互联网、相机、白板、打印机等
作业形式与沟通	结合幻灯文件陈述与沟通，最终总结于可视化实物展板展示

设计思维是从认识到发现的思维导向，在认知与解决中的创造性思维过程中，主要表现出发散思维的特点，也可以说是"盲人摸象"的思维方式，即从不同的角度、侧面、层面，进行广泛与活跃的观察、认知、比较与探索。美国心理学家吉尔福特（J. P. Guilford，1967 ~ 1985）认为人的智力结构可以从三个方面来研究，即内容（刺激性质）、操作（加工过程）和成果（加工的结果），这三者构成了智力的完整图形，若再进一步对这三者进行细分，又可区分出 5 种内容即视觉、听觉、符号、语义和行为；5 种操作即认知、记忆、发散思维、会聚思维和评价以及 6 种成果指单元、类别、关系、系统、转换和蕴含。吉尔福特他把以前曾被从智力概念中忽略的创造性与发散性思维联系起来；还将发散性思维与聚合性思维相对应。他认为发散性思维的能力具有三个层次与维度，它们构成了创造力的核心：流畅性——逻辑思维与思维速度与广度；变通性——多层次多角度的思维灵活性；独创性——求异思维即观点与想法的创造性，对发散思维的训练是一种培养创造力的有效方法。

发散思维的具体表现为反向思维、侧向思维、多路思维的特点，在问题定义与设计调研阶段促进深入、全面地认知，也为随后的聚合思维提供足够的与主题契合的答案可能性。但就其发散的主要特征，常常会在初期表现出不稳定性与含混、矛盾的状态，借助图像化的思考辅助工具，则可使思考与工作更加有效。思维导图是在发散思维中最为广泛的形式，自 20 世纪 80 年代以

圆形图		**关系定位：** 概念的定位、框架背景、所处领域与位置
气泡图形		**特征描述：** 事物多方面的特征、因素、构成、属性描述
多重气泡		**比较与对比：** 比较相似与不同之处，并指出重点
树状图		**主干与细节：** 概念的层级与分类、脉络关系，概念的整体与局部以及母集与子集
流程图		**流程与排序：** 事物的先后顺序，整体节奏与结点、子阶段与内容
因果关系		**原因与结果：** 概念的成因、结果以及影响与趋势
桥接与转换		**类比与隐喻：** 概念的类比与转换，相关因素的隐喻、影射与指代
象限工具		**关联与定义：** 概念的类比与转换，相关因素的隐喻、影射与指代

○ 设计调研与头脑风暴思维导图模式类型

152

来，其在教学当中最早被当作帮助记忆、学习与思考的工具，后经几十年的发展，被广泛应用于管理、商业领域以提升学习效能与创新能力，近年来更有多种形式的思维导图软件与应用，更加便利地帮助学习与工作提升效率。

值得注意的是，思维导图主要用来反映个人的思考过程，作为帮助建立思维逻辑的工具，思维导图工具借助多种模式或模版辅助思维与沟通，受知识体系与资源的限制，其结果并非构成标准或精确的信息传递。因此，为了复杂问题或更有深度、整体、前瞻性问题的认识与解决，除了掌握简单的思维工具以外，还需要在设计调研中融合结构化思考、逻辑思考、关联思考与辩证思考的思维方式与工具利用。

20世纪60年代，设计调研从计算机技术和管理学理论中有所借鉴，越来越多地作用于系统化的设计解决方法，逐渐成为一个公认的设计认知方式。国际上第一位设计调研的教授、伦敦皇家艺术学院（Royal College of Art）设计研究生部的布鲁斯·阿切尔（Leonard Bruce Archer）教授指出："存在一种与科学和学术的思维和交流方式不同的设计思维方式和交流方式，并且在应用于自己的各种问题时，具有与科学和学术方法一样强大的功能。"20世纪80年代，相关设计调研的研究与方法理论愈加成熟，并被广泛应用于设计教育教学。随着设计调研的发展，基于设计有其自身的认识事物和认识方式的观点，设计作为一门独立的、连贯的学科得以确立。

设计思维原则指导的设计流程是寻求问题、界定问题、解答问题的过程，这个从认识到发现、再到解决的过程，其主要内容均需要借助各类调查与研究，以达成系统化的、科学的、效率的解决方法，是相对于传统设计倚重经验化、风格化的较为主观的理念的重要革新。中国经济在 40 年里的发展接近西方发达国家，经历一个半世纪的成就，也使其在社会文化创新领域出现迥异于西方的发展势态，在满足从无到有的物质文化需求过程中，设计可以在短时间内以"向外的"形式模仿以适应这一步伐，但实现"向内的"文化自信、现实关怀、本土语境的可持续创新愿景，正需要借助科学的设计认知方式，推动设计踏实前行。

设计调研是强调分析性、程式化与部分经验化的设计过程，其对设计过程的指导性作用集中表现在：
· 用户移情、目标移情所涉及的各种问题认识与分析；
· 限定条件与关键问题的认识与定义；
· 创意迭代与方案进化的参照、比较与取舍依照；
· 关键元素的分析与界定；
· 设计协作与沟通的保障与依据。

具体的设计目标与问题可能涉及任何领域、层面，掌握一定的调研方法是设计师随时进入未知领域的有效手段，并能够帮助设计师将复杂与海量的知识、信息进一步化繁为简、掌握关键、形成观点，这一手段实则也成为设计学习的重要方法。借助设计调研认知的主要内容包括：

1. 目标与设想的再认知

向设计师本人或团队，甚至包括非专业人士的受众解释目标与目的，即合理回答"决定做什么？为什么要做？"的问题。

2. 找出关键的未知因（元）素

设想与初衷合理确定后，需要找出关键未知因（元）素和关键研究问题是什么？设计可以解决哪些问题？还包括设计预想的定位以及现实的定位等，对于设计师而言，这可能是一个广泛的未知领域，通过调研可以对目标与目的做深入的再理解，阐明主要问题与关键未知是设计成功的重要一步。

3. 具体的目标

获得关键问题定义后，通过比较、解释、量化、关联性等方式对设计原型进行现实的、清晰的、可行性论证，避免宽泛的头脑风暴与不切实际想法的干扰，这些论证也需要参照关键问题的分析做进一步调研。

4. 限定条件认知

对设计工艺、技术、成本、时间、时效、技术与智力资源等做全方位的认识与评估，界定哪些必需，哪些需要开拓以及应该避免的因素。

5. 协同认知

设计并非只是设计师的事，设计协同包括设计团队内部，

○ 国际温泉度假酒店的标志形象对比导图。由两个主要条件构成相对简单的象限。

更主要的协同是与客户或受众之间，借助调研进行验证、解释、沟通获得理性的认同或意见反馈，往往是设计质量与效率的重要保障。

6. 测试反馈的再认识

借助调研方法获得真实可靠的测试反馈，并通过系统性调研推断指导设计向着完善的正确方向进行。

古香古色	历史古韵	凝练写意
写实特征		抽象寓意
经典再现	现代沟通	前卫当代

○ 国际非物质文化遗产标志形象的分析导图。两个主要条件形成四个象限区域。

　　设计调研的内容通常采用问卷、图表、实地调研、访谈、数据统计等形式，不同的形式适应于不同的问题。在教学实践中，根据课时、空间、工作量、图视化等多方面可操作性的考虑，借助象限工具进行的调研方法更适合教学实施。除了单个条件易于理解和实施，更利于各主要条件之间问题关联、定位的比较发现，对于条件设定的讨论更能体现学习思考深度与参与性，为后续设计课程奠定必要的基础。

教具案例
Example
象限调研主题卡片

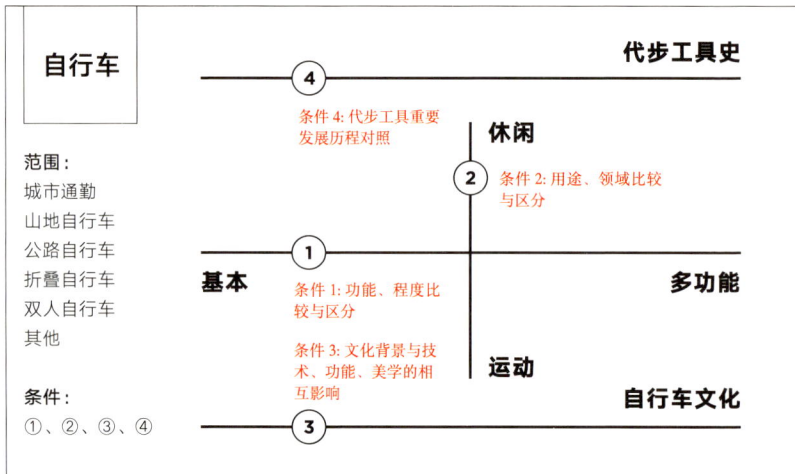

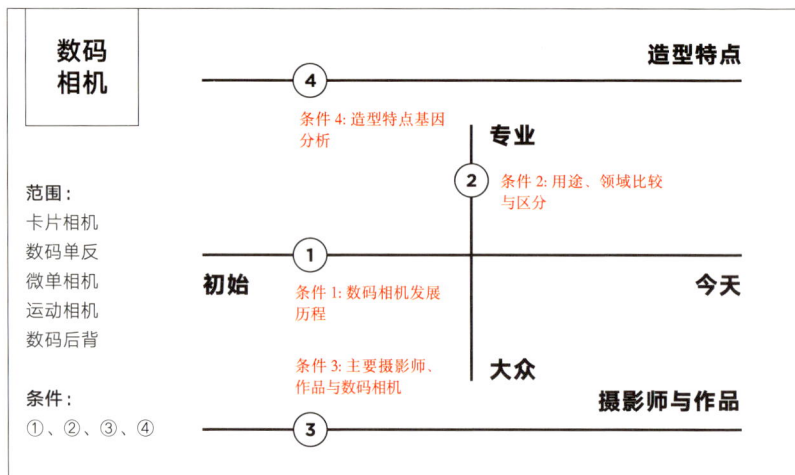

自行车

范围：
城市通勤
山地自行车
公路自行车
折叠自行车
双人自行车
其他

条件：
①、②、③、④

④

代步工具史

条件4: 代步工具重要发展历程对照

休闲

② 条件2: 用途、领域比较与区分

①

基本 条件1: 功能、程度比较与区分

多功能

条件3: 文化背景与技术、功能、美学的相互影响

运动

自行车文化

③

数码相机

范围：
卡片相机
数码单反
微单相机
运动相机
数码后背

条件：
①、②、③、④

④

造型特点

条件4: 造型特点基因分析

专业

② 条件2: 用途、领域比较与区分

①

初始 条件1: 数码相机发展历程

今天

条件3: 主要摄影师、作品与数码相机

大众

摄影师与作品

③

阿迪达斯 运动鞋		名人

④

条件 4: 代言形象与传播对品牌的影响

功能

② 条件 2: 用途、领域比较与区分

范围:
品牌运动鞋主要
款式与设计

①

初始

条件 1: 品牌产品的主要设计款式

今天

条件 3: 文化背景与技术、功能、美学的相互影响

基本

条件:
①、②、③、④

流行文化

③

中国 流行音乐		风格

④

条件 4: 造型特点基因分析

女性

② 条件 2: 用途、领域比较与区分

范围:
卡片相机
数码单反
微单相机
运动相机
数码后背

①

**1920
年代**

条件 1: 数码相机发展历程

当代

条件 3: 文化背景与媒介、技术的相互影响

男性

社会文化大事件

条件:
①、②、③、④

③

教具案例
Example

象限调研主题卡片

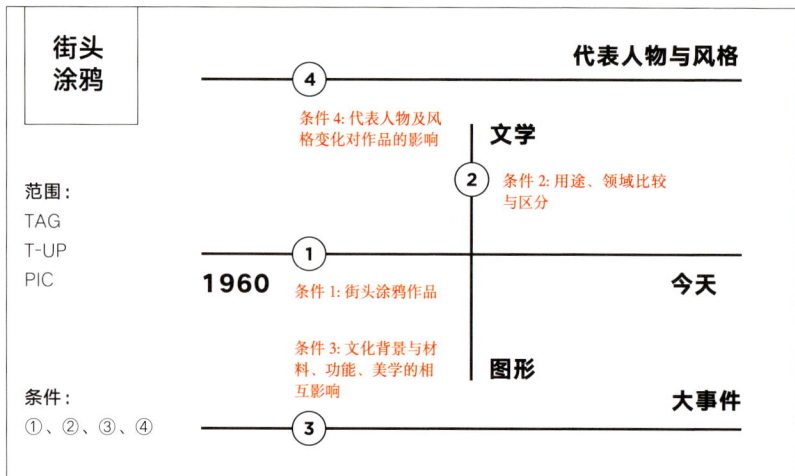

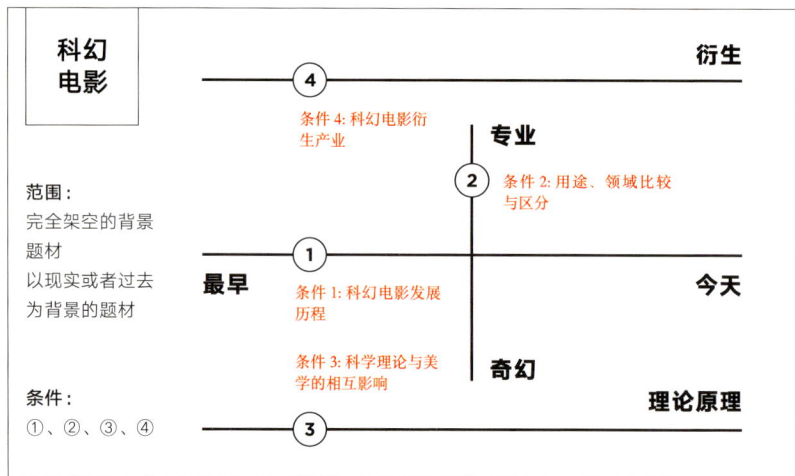

**街头
涂鸦**

代表人物与风格

④

条件4: 代表人物及风格变化对作品的影响

文学

②　条件2: 用途、领域比较与区分

范围：
TAG
T-UP
PIC

①

1960　条件1: 街头涂鸦作品　**今天**

条件3: 文化背景与材料、功能、美学的相互影响

图形

大事件

条件：
①、②、③、④

③

**科幻
电影**

衍生

④

条件4: 科幻电影衍生产业

专业

②　条件2: 用途、领域比较与区分

范围：
完全架空的背景题材
以现实或者过去为背景的题材

①

最早　条件1: 科幻电影发展历程　**今天**

条件3: 科学理论与美学的相互影响

奇幻

理论原理

条件：
①、②、③、④

③

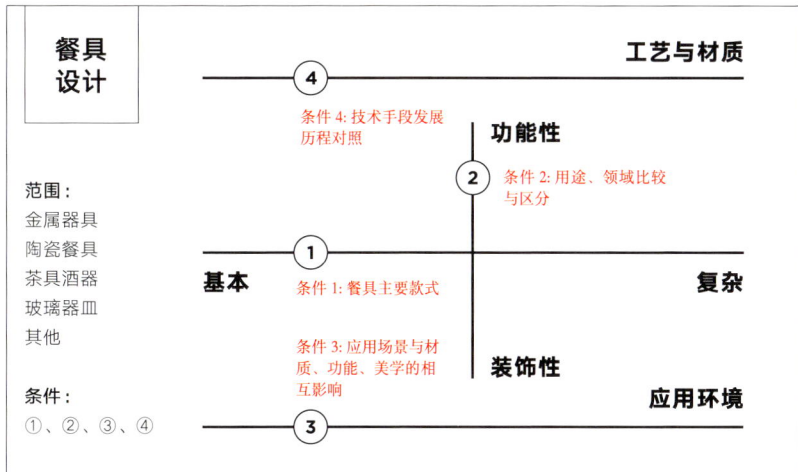

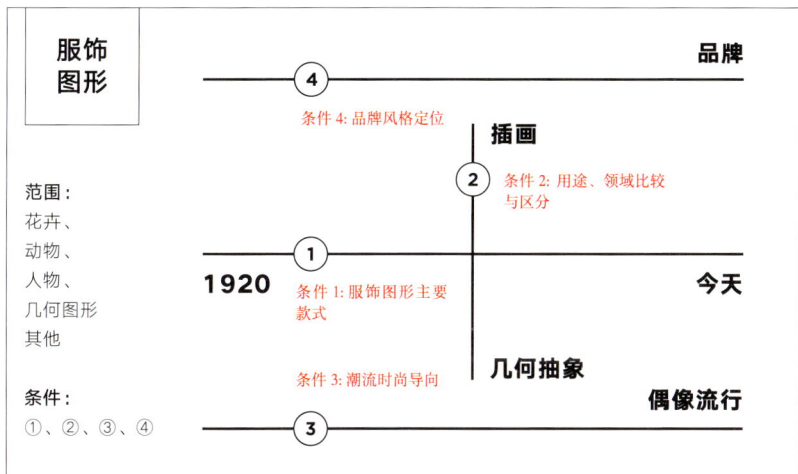

教具案例
Example
象限调研主题卡片

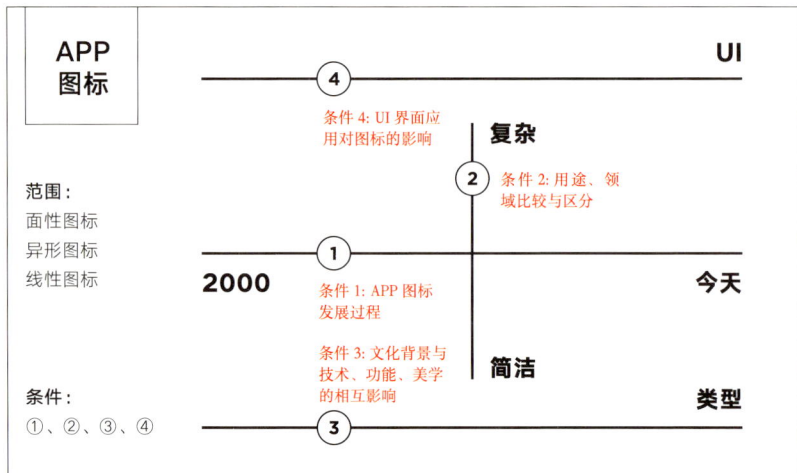

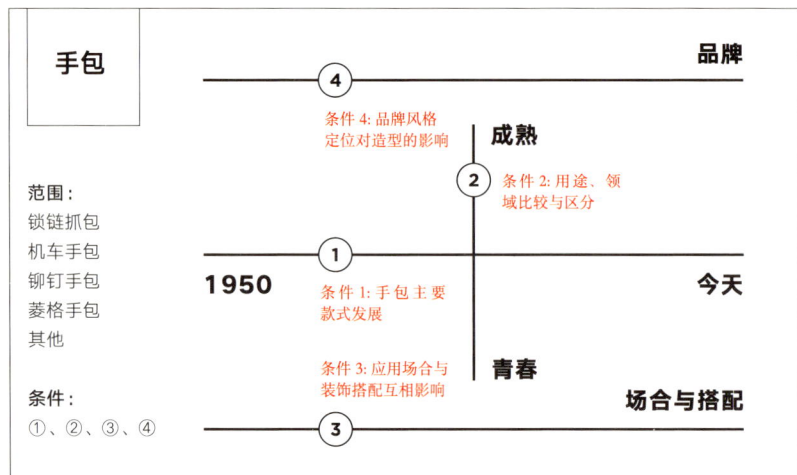

APP 图标

范围：
面性图标
异形图标
线性图标

条件：
①、②、③、④

4

条件4: UI界面应用对图标的影响

复杂

2 条件2: 用途、领域比较与区分

1

2000

条件1: APP 图标发展过程

条件3: 文化背景与技术、功能、美学的相互影响

简洁

3

UI

今天

类型

手包

范围：
锁链抓包
机车手包
铆钉手包
菱格手包
其他

条件：
①、②、③、④

4

条件4: 品牌风格定位对造型的影响

成熟

2 条件2: 用途、领域比较与区分

1

1950

条件1: 手包主要款式发展

条件3: 应用场合与装饰搭配互相影响

青春

3

品牌

今天

场合与搭配

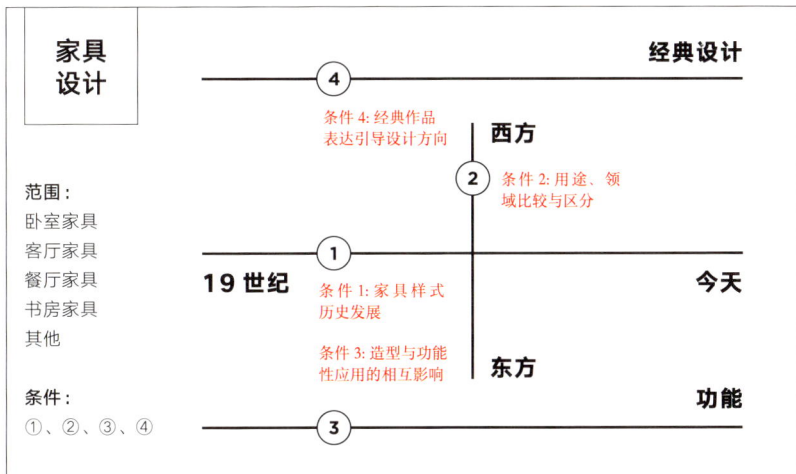

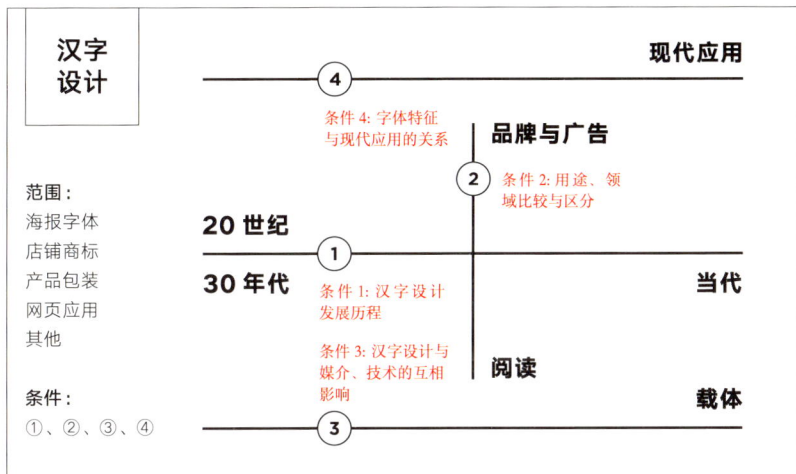

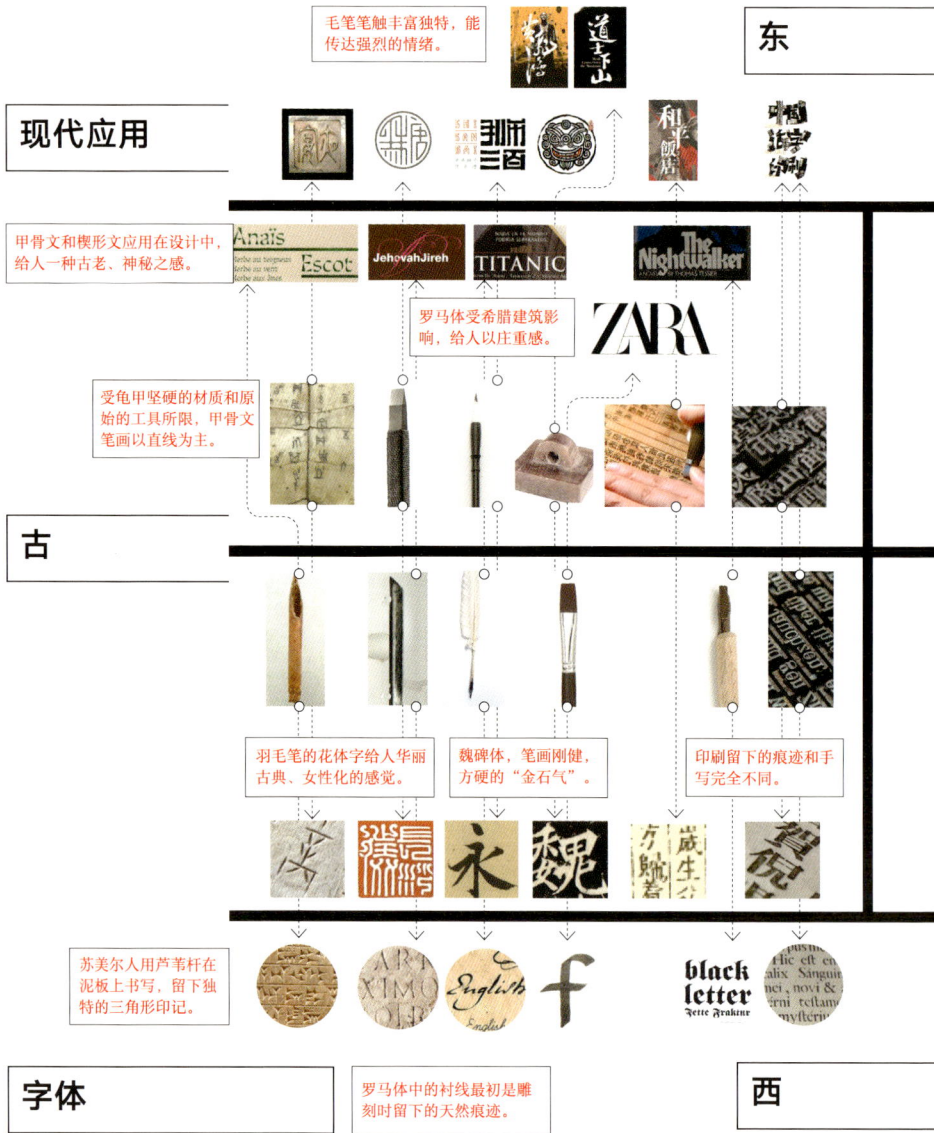

东

现代应用

毛笔笔触丰富独特，能传达强烈的情绪。

甲骨文和楔形文应用在设计中，给人一种古老、神秘之感。

受龟甲坚硬的材质和原始的工具所限，甲骨文笔画以直线为主。

罗马体受希腊建筑影响，给人以庄重感。

ZARA

古

羽毛笔的花体字给人华丽古典、女性化的感觉。

魏碑体，笔画刚健，方硬的"金石气"。

印刷留下的痕迹和手写完全不同。

苏美尔人用芦苇杆在泥板上书写，留下独特的三角形印记。

字体

罗马体中的衬线最初是雕刻时留下的天然痕迹。

西

164

圆珠笔可以画出速写风格的字，关联大多数人的体验。

粉笔字通常让人联想到教室和学校。

钢笔书写的字体有着浓厚的人文气息。

马克笔的字迹即时、生动、活泼，多联想快递、包装、超市等。

为低分辨率的屏幕所设计的矩阵字体，有较强的电子风格和时代感。

焰火字体给人喜庆和热闹的感觉。

铅笔让人联想到设想、绘画、随意。

今

打字机的字体会因为字头的磨损而出现特殊的印记与故事。

针管笔笔画末端圆形，粗细相等，特点鲜明。

灯带字体有发光的特点，常用于夜店风格或科技风格。

"故障效果"的字体，来源于电脑显示器的花屏故障，形成新语义。

运动时尚

主流色系

安德玛在功能上兼顾品质与时尚。以跳动明亮的色彩和经典黑白作为主色系，成为运动品牌的实力派，这一点从他采用的无衬线字体可以看出来。

律动感十足的 logo 风格正契合它的品牌定位：从专业的供应商转变成为一个实用兼顾时尚的服装品牌。以黑、绿、蓝的潮流街头风影响年轻群体。

探路者则在时尚与专业之间取到折中的区域，时尚感稍逊于耐克、ZARA 等，logo 样式保守，但却融合创意字体与图形。

相较于安德玛与北面，耐克凭借长期的时尚运动风格，在象限之中比二者更靠近右上角的位置。配色上更偏向于时尚的流行色。

实用功能

始祖鸟 LOGO 造型源于柏林标本鸟类生物，考究每个产品、简约的黑白字体造型、干净简洁的字角，保持骨架结构，就像对户外装备品质严苛要求，不去刻意迎合时尚。公认的顶级奢侈品，有着对新工艺和新技术近乎疯狂的追求。

Ralph Lauren 拉夫劳伦的图标展示着荒野的西部、旧时的电影、20 世纪 30 年代的棒球运动员以及旧时富豪生活等都颇有英美上层社会生活的缩影。POLO 衬线体，使其经典又不失庄重。浓郁品牌风格的 logo 勾勒出一个美国梦。

mares 标语 just add water 表明品牌专注潜水产品，以中档产品居多，实用性突出。硬朗的黑体给品牌注入力量，M 下面醒目红色箭头，下沉并不断探索海洋，动感的线条和红黑色的搭配也体现在主推产品上。

NORTHLAND 的 LOGO 手写艺术字，像奥地利雪山，紧密节奏感，红黑白更有趣味性。坚持以舒适自在的户外精神为品牌理念，护盾表示安全和舒适，护盾里简化的山峰形象，寓意创始人向上攀登，致敬每一个攀登者的生命。

模特形象

高级定制

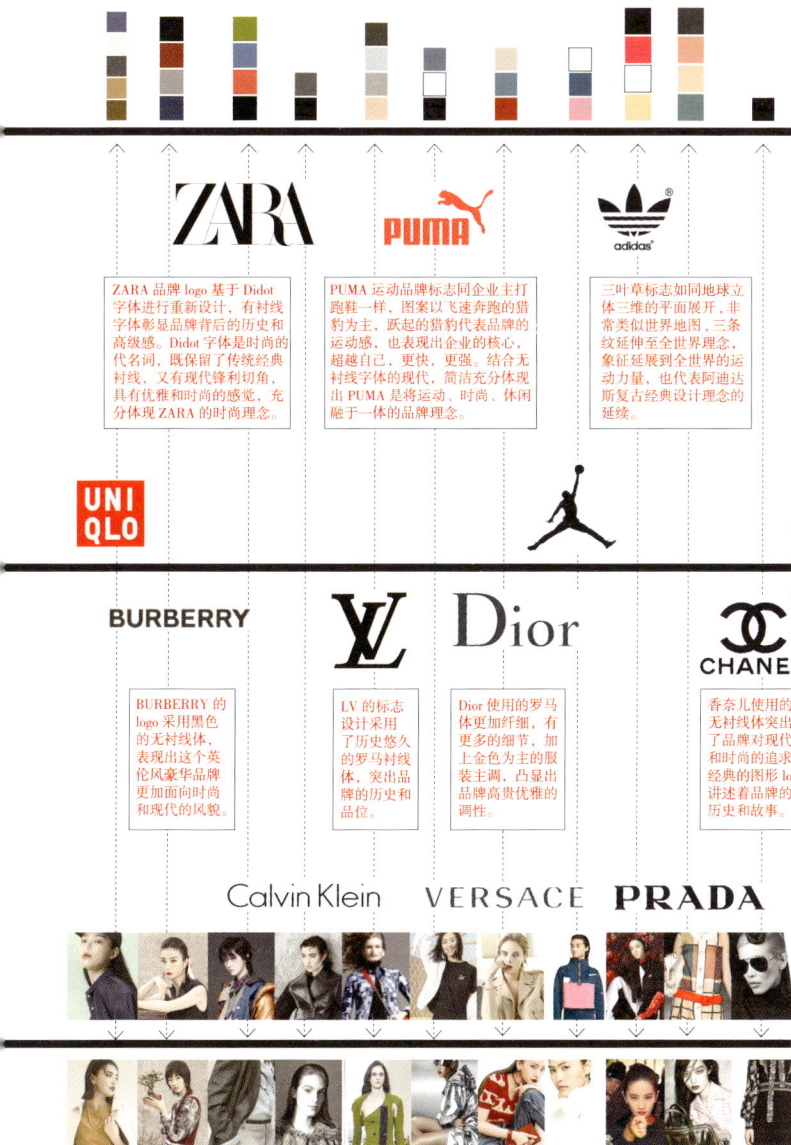

ZARA

PUMA

adidas®

ZARA 品牌 logo 基于 Didot 字体进行重新设计，有衬线字体彰显品牌背后的历史和高级感。Didot 字体是时尚的代名词，既保留了传统经典衬线，又有现代锋利切角，具有优雅和时尚的感觉，充分体现 ZARA 的时尚理念。

PUMA 运动品牌标志同企业主打跑鞋一样，图案以飞速奔跑的猎豹为主，跃起的猎豹代表品牌的运动感，也表现出企业的核心，超越自己，更快，更强。结合无衬线字体的现代，简洁充分体现出 PUMA 是将运动、时尚、休闲融于一体的品牌理念。

三叶草标志如同地球立体三维的平面展开，非常类似世界地图，三条纹延伸至全世界理念，象征征展到全世界的运动力量，也代表阿迪达斯复古经典设计理念的延续。

UNIQLO

BURBERRY

LV

Dior

CHANEL

潮流时尚

BURBERRY 的 logo 采用黑色的无衬线体，表现出这个英伦风豪华品牌更加面向时尚和现代的风貌。

LV 的标志设计采用了历史悠久的罗马衬线体，突出品牌的历史和品位。

Dior 使用的罗马体更加纤细，有更多的细节，加上金色为主的服装主调，凸显出品牌高贵优雅的调性。

香奈儿使用的无衬线体突出了品牌对现代和时尚的追求。经典的图形 logo 讲述着品牌的历史和故事。

Calvin Klein   VERSACE   PRADA

Thonet14
Bonet.Kurchan.Ferrari-Hardoy

CasaCalvet
Antonio Gaudi I Cornet

Red-blue chair
GerritThomaosRietveld

938

1945

1947

Hardoy Chair
Michael Thonet

Butterfly Stool
SoriYanagi

Peacock Chair
Hans Wegner

The C

950

1955

30103
30106
30112
30111
30206

田洋
张晓漁
陈珏
陈姝玲
聂欣然

Y Chair
Hans Wegner

CoconutChair
George Nelson

956

1958

1958

EamesLounge Chair
Charles.Ray Eames

Egg Chair
ArneJacobsent

Swan Chair
ArneJacobsent

○ 就单一条件（时间线），学生对家具（椅子）设计史的研究认识。

指导教师：李煌，小组成员：田洋　张晓渔　陈珏　陈姝玲　聂欣然

Wassily Chair
Marcel Lajos Breuer

Barcelona Chair
Mies van der Rohe

Zig-zag
GerritThomoas/Rietve

1950

1952

The Chair
Hans Wegner

Diamond Chair
Harry Bertoia

The Ant Ch
Arne Jacobsen

lassic
Chairs

1956

Eameslounge Chair
Charles.Ray Eames

1963

1963

Panton Chair
Verner Panton

Ball Chair
Aarnio

Shell Chair
HansWegner

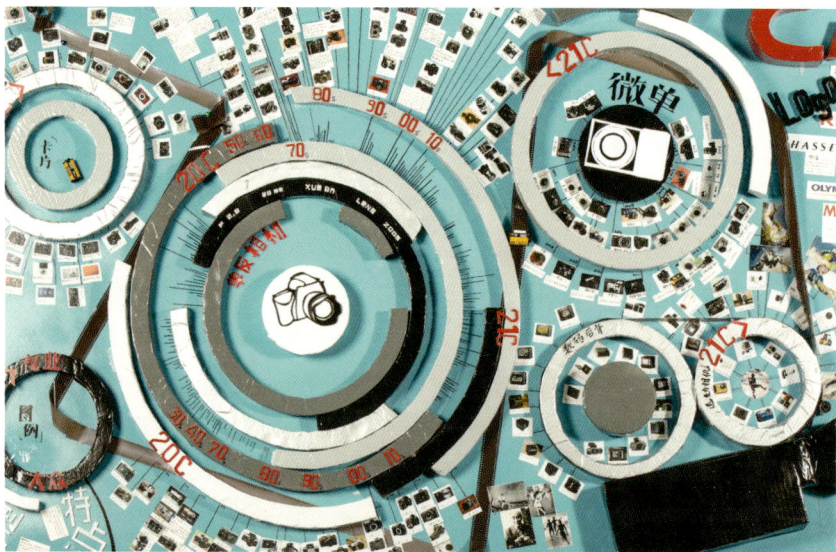

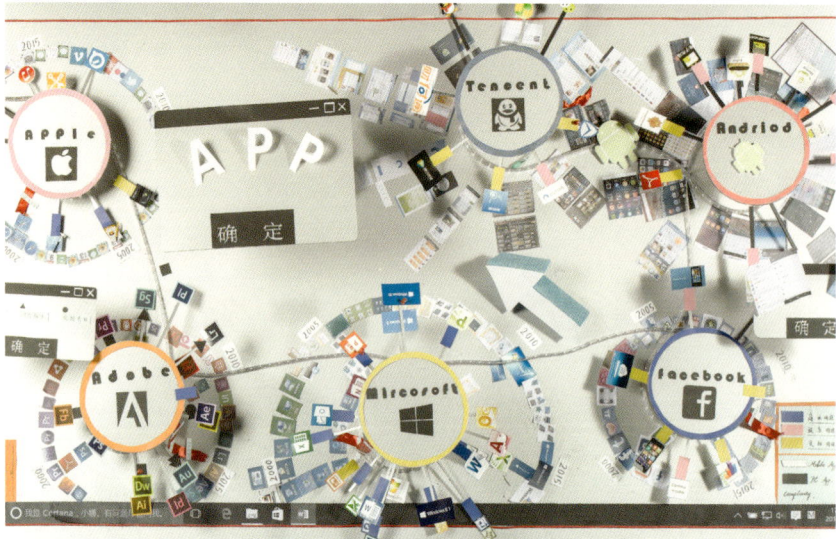

○ 借助思维导图与象限工具，学生对不同主题调研的关系整理与关联发现。

（上图）指导教师：孙一楠，小组成员：余洁琼　林诗珺　张新宇　刘羽纶；

（下图）指导教师：孙一楠，小组成员：赵佳亮　黄志雄　邓子弦

○ 分别为乐高《星球大战》、芭比女装的主题调研作业。
（上图）指导教师：李煌，小组成员：蒋泽帆　潘沁心　张健　王姜瞰；
（下图）指导教师：岳小飞，小组成员：李茜　孙浩哲　侯晓博　罗含涵　陈奕君

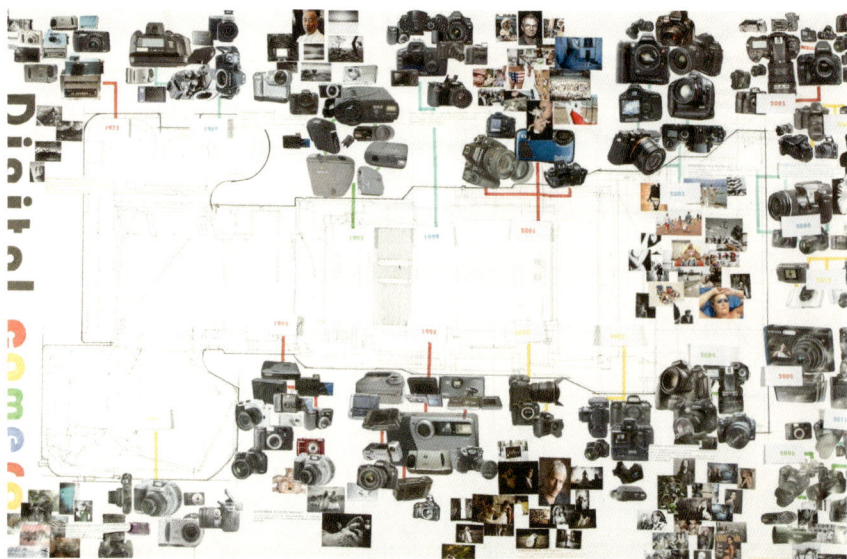

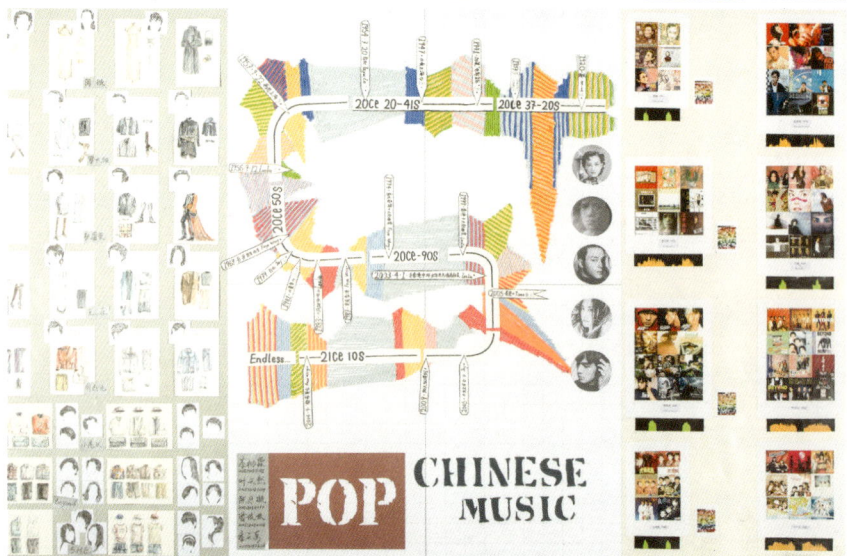

○ 分别为数码相机、中国流行音乐的主题调研作业。
（上图）指导教师：熊红云，小组成员：戴明睿　刘一达　宋超豪　牛喻峰　陆一飞　王鹏；
（下图）指导教师：李煌，小组成员：李栴霖　叶天然　陈思璇　潘依依　季天禹

172

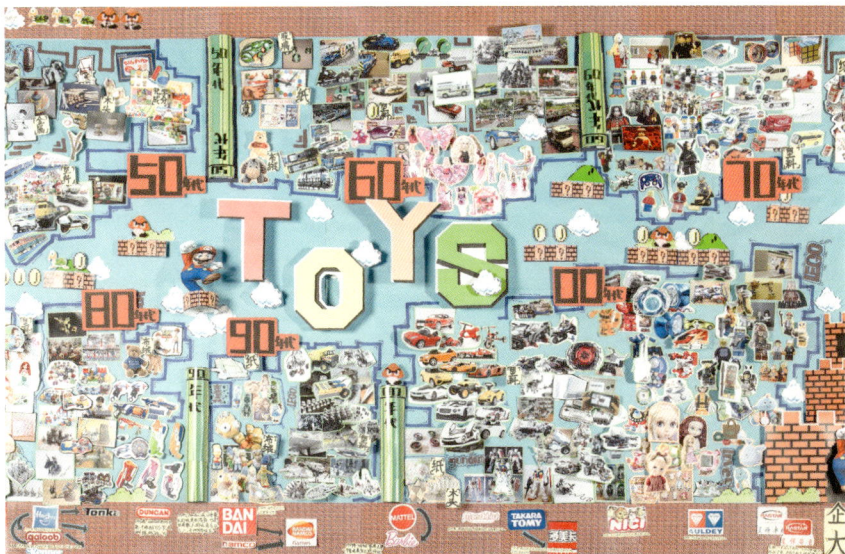

○ 分别为电子游戏、科幻影片的主题调研作业。

（上图）指导教师：熊红云；小组成员：王子心　王宇星　詹婵；

（下图）指导教师：王宁，小组成员：郑子鸣　贺薇玮　刘思麟

○ 结合日本动漫的调研，学生们使用场景化的信息组织、表现方法。
指导教师：孙一楠，小组成员：林怡斌　王子琪　张栖瑞

○ 从风格、产品线角度入手的阿迪达斯运动鞋的设计调研。

指导教师：孙一楠，小组成员：王子心　王宇星　詹婵

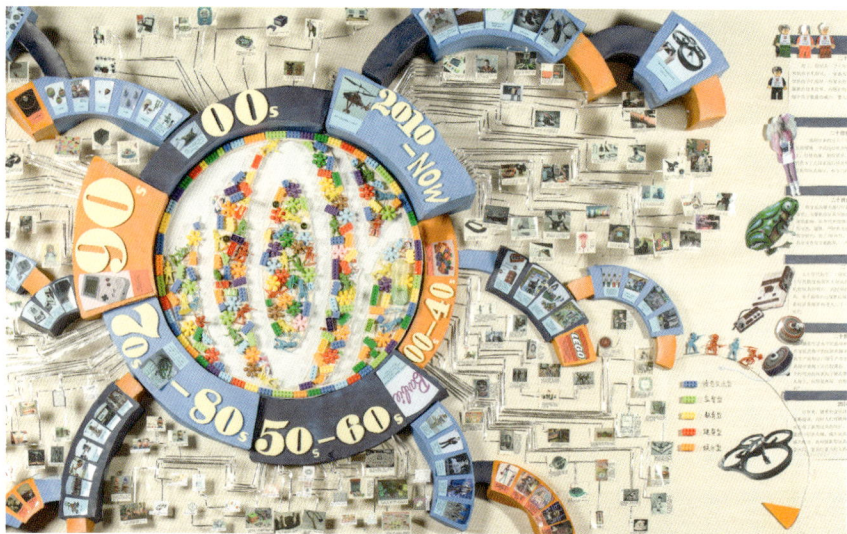

○ 分别为角色分析与百年玩具发展史的主题调研作业。

（上图）指导教师：王宁，小组成员：王帅　何婉莹　范盈莹　严寄予；

（下图）指导教师：王耀华，小组成员：邓煜坤　彭兰婷　何帆　蒲倩　黄垚垚　安兆北

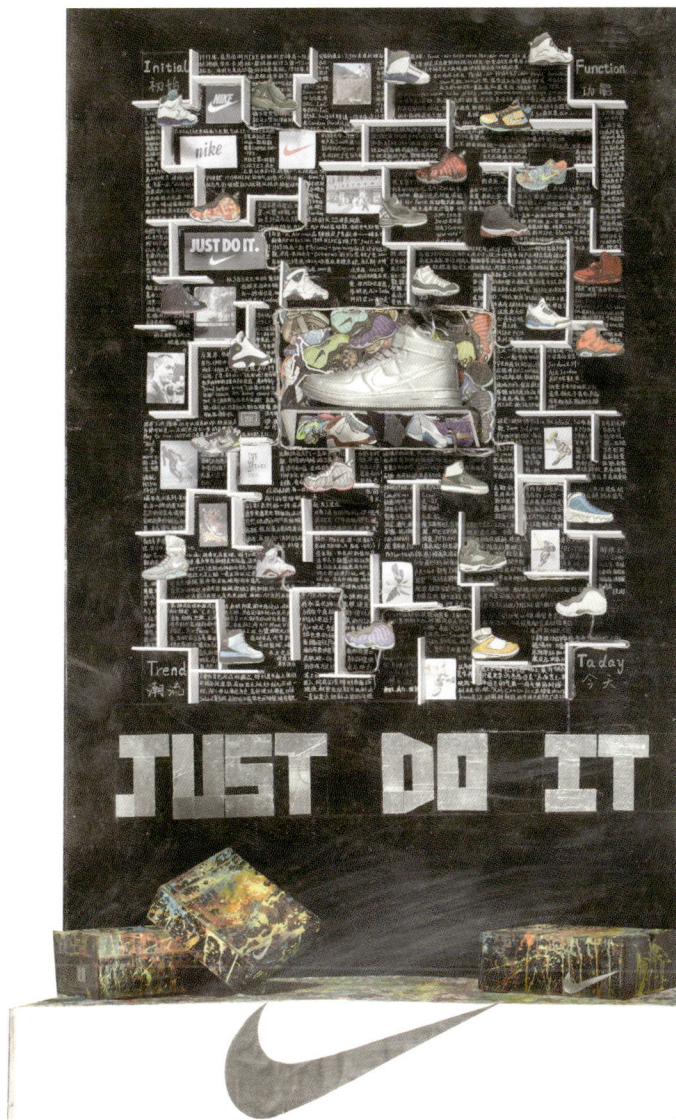

○ 关于 NIKE 运动鞋主流款式的设计调研。
指导教师：白鸽，小组成员：杜旭萍 李栋 张杨杨 杨佳雨 杨清芮 王星懿 谈卓敏

Workshop
07

设计思维基础模块
Visual thinking module

设计思维工作营

成员	2~3 名学生 / 组

题目与要求

阶段 1. 根据命题认识与资料阅读。

阶段 2. 头脑风暴与创意设想。

阶段 3. 设计原型与测试。

阶段 4. 方案成品、展示。

工具

互联网、相机、白板、打印机等

**作业形式
与沟通**

结合幻灯文件陈述与沟通，最终总结
以可视化实物展板展示

178

○ 《深呼吸》创意工作营 ——
　《消失的 2020》

工作营导师：李煌
瑞克·凡尼森蒂（Rick Valicenti）
学生团队：李日湘　吕坤霖　黄业等

　　《深呼吸》工作营首先针对视
觉传达在参与社会与文化发展当中
的作用进行了充分的调研与认识，
并鼓励学生尝试拓展沟通的形式与
作用。《消失的 2020》发现并讲述
20 个濒危动物的故事，并呈现出一
本富有感染力的信息设计创作，书
中出现的动物分属于鸟类、哺乳、
两栖、鱼类和昆虫五大门类，学生
们针对每一个门类发现到其中最具
有代表意义的 4 种动物，展开其背
后故事的探究，并梳理出 20 段故
事和数据。经过多次的材料表现实
验与原型改进后，团队最终利用复
写纸层层拓印的特质，精心绘制出
20 组动物的形象，利用复写纸印迹
层层减弱、模糊的视觉形态，传达
这些可爱动物的即将渐渐消逝的事
实，提示我们重新审视人类发展与
物种之间的平衡关系。

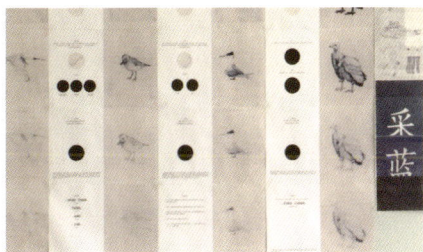

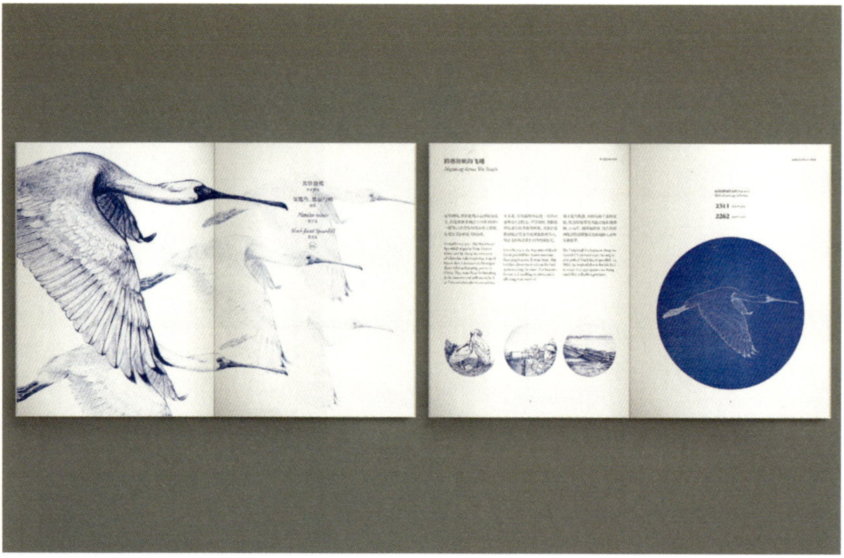

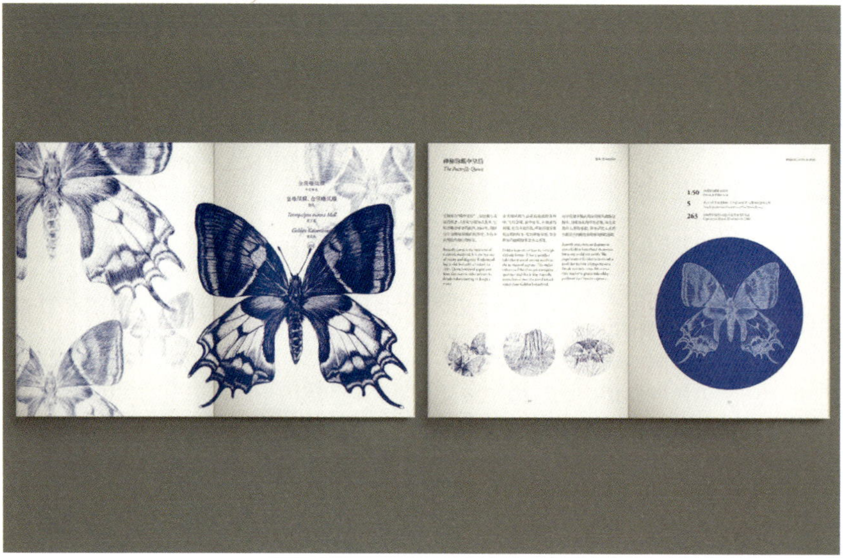

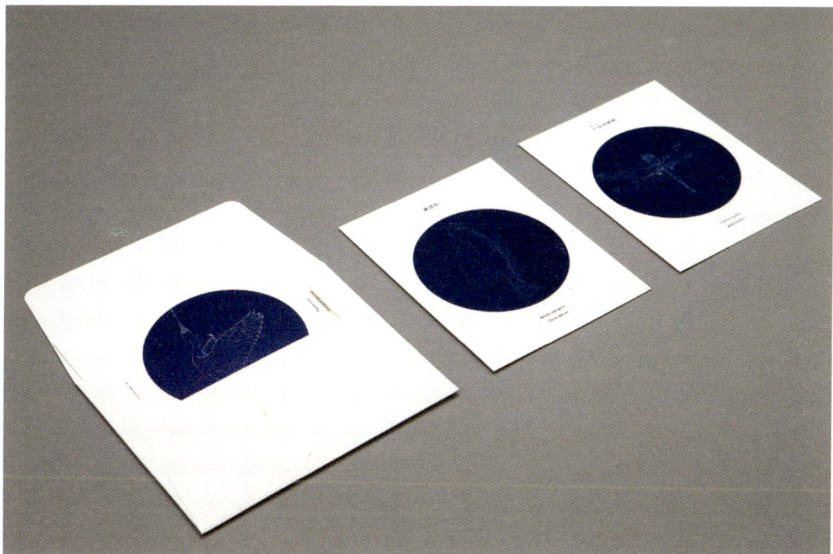

○设计思维《深呼吸——环境污染》主题工作营，借助重叠的复写纸表达"正在消逝"的概念。

导师：李煌，瑞克·凡尼森蒂

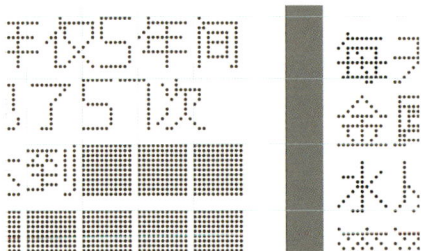

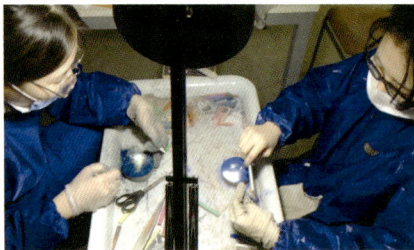

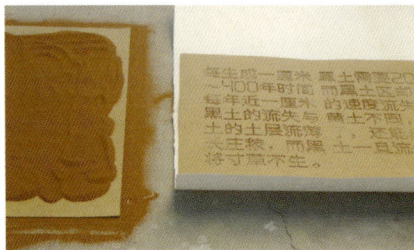

○ 《深呼吸》创意工作营——
  《微尘星球》

工作营导师：李煌 瑞克·凡尼森蒂
学生团队：于若曦 黄婵敏等

工作营锻炼在同一个命题下，通过不同的角度、材料表现概念与倡导，《微尘星球》选择细腻微小的尘土，描绘着地球上的水、空气、土地与植被以及人类活动造成的种种变化异象。学生团队制作了近300个圆形微尘图案，并最终筛选出了20个与地球上的20个现象相对应，并将整理总结的简短文字设计为网点形态的模具，通过微尘铺撒出来，以传达稍纵即逝、敏感脆弱的视觉印象，整个过程学生经历了设计调研、头脑风暴、原型制作以及试验迭代的全部过程，最终收获令人印象深刻的作品和效果。

○ 《深呼吸——空气污染》主题工作营，学生用沙尘表达"稍纵即逝"的意味，
　导师：李煌，瑞克·凡尼森蒂。

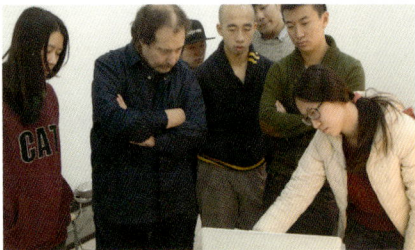

○ 《深呼吸》创意工作营 ——
《同呼吸 共命运》

工作营导师：李煌 瑞克·凡尼森蒂
学生团队：卢仿 张静雯 张晏玮等

工作营以视觉沟通促进社会进步的角度，将空气污染作为设计主要关注的话题，并充分利用公共空间当中的"被遗忘之地"作为视觉沟通的载体，例如该案例利用学生宿舍前一处44米长的报栏的背面，将这片原本杂乱无章的视觉死角改善为一个颇具吸引力的沟通空间。

在这样一处空间里，学生们尝试用"颗粒物"制作字体，用以关于空气污染警示的系列设计，20位学生共同完成一组长卷海报覆盖住整个报栏的背面，以表达我们对空气污染的关注和呼吁——同呼吸，共命运。海报中的模特是每一位成员的侧面头像，英文字体由一撮黑沙被随机吹开形成可识别的英文字母，并延伸创作出一套关于此话题的视觉语汇。

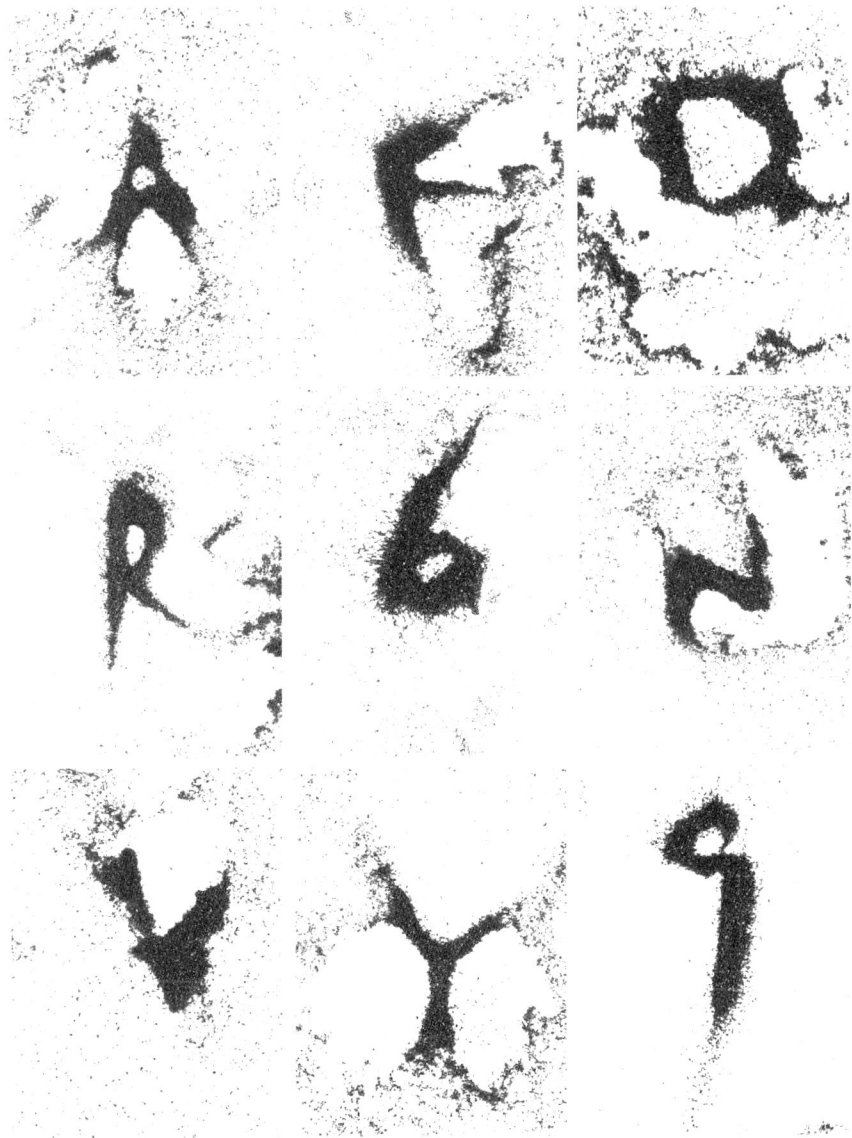

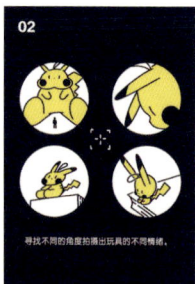

○ 设计思维《市民课》主题工作营，任务主题是为市民设计一堂有关艺术与设计的素养课程，并要求以卡片的形式交代课程步骤。课程设计要求通过简单的形式，改变对"授课"的传统印象，让市民在参与行动中获取发现与启示，这对学生是一个有关服务设计、规则设计的综合训练。
工作营导师：郭晓晔，学生团队：谭舒予　吴汐琴　张欣　王琦　许艺馨等。

领取学校准备好的纸笔和橡皮

在这个图形上试着画吧～

像这样……

学生分组、确定拼贴方向

大量图片分发给各组

组内剪拼成新的图片

剪拼完成

○ 设计思维《城市视觉识别》主题工作营

城市视觉识别工作营是从城市更新的视觉识别角度提出一种新的路径，通过文化识别的视觉再造，传达深切、普遍的文化尊重与增值城市视觉识别与审美体验。

调研过程采取实地考察的方式，把街头的交流与感受作为考察与体验的重点。作品放弃"用途为先"或以营利为目的的产品思路，将对素材的发现和再造放在首位，逐渐确立设计概念包括：坚持以市民"读得懂"为运用设计语言的前提，爱惜、尊重并放大日常平凡新发现；以视觉形式重建"历史遗址"与文化渊源，通过新的视觉体验感召凝视与联想并与市民建立精神连接，增强微弱的城市记忆与激活呆板的旧有符号，关照每一代人的情感关联，并最终启发视觉创新的可能性。

工作营导师：郭晓晔　代依莎
学生团队：梁亚鑫　张欣　周雪洁等

○ 设计思维《城市视觉识别》主题工作营，作品名《天堂》，通过符号化的、主观的表现手法，在精神层面重建历史遗迹。

○ 设计思维《城市视觉识别》主题工作营,作品名《九洲池》,历史遗迹视觉
重建系列。

PEONY

○ 设计思维《城市视觉识别》主题工作营，作品名《牡丹》，探索以现代的、多元的表现方法激活城市传统文化符号。

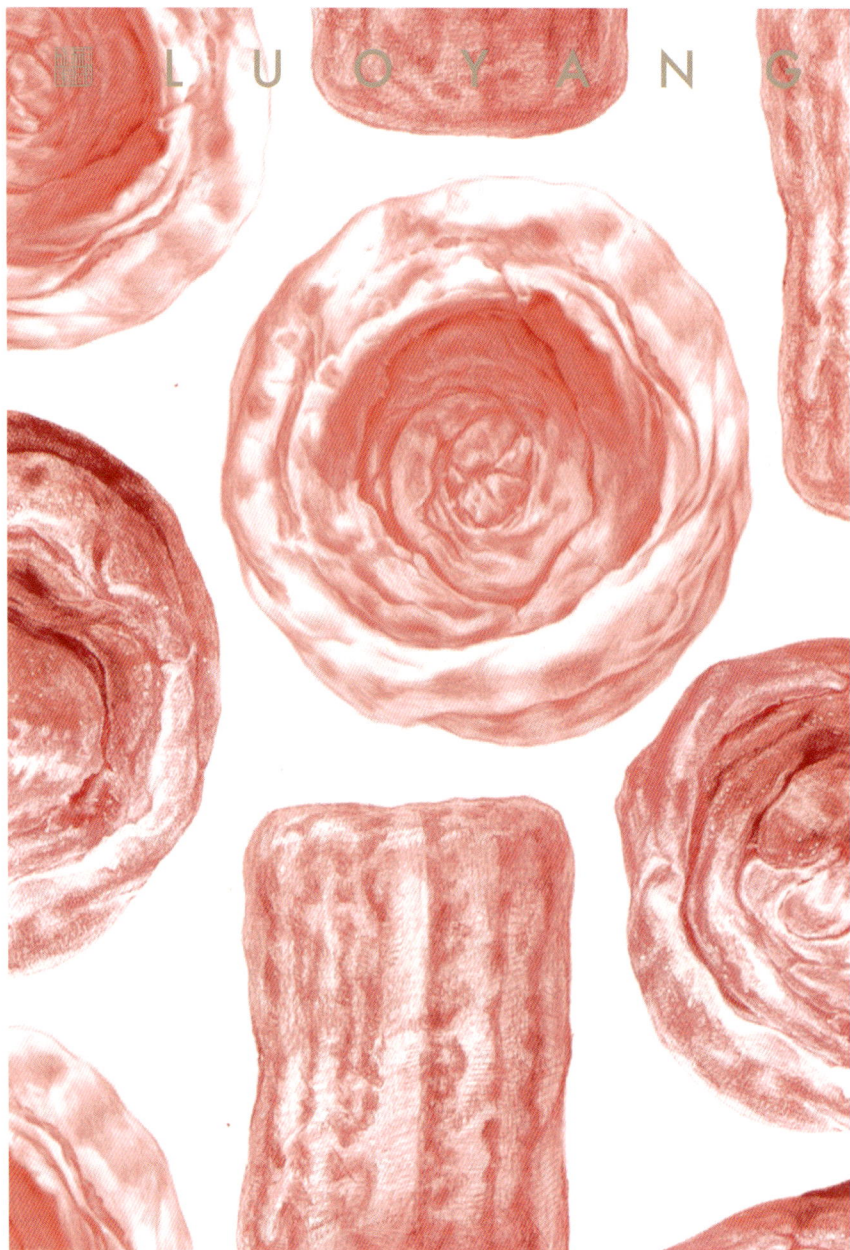

○ 设计思维《城市视觉识别》主题工作营，作品名《早》，放大最平凡事物，以提示对日常的尊重。

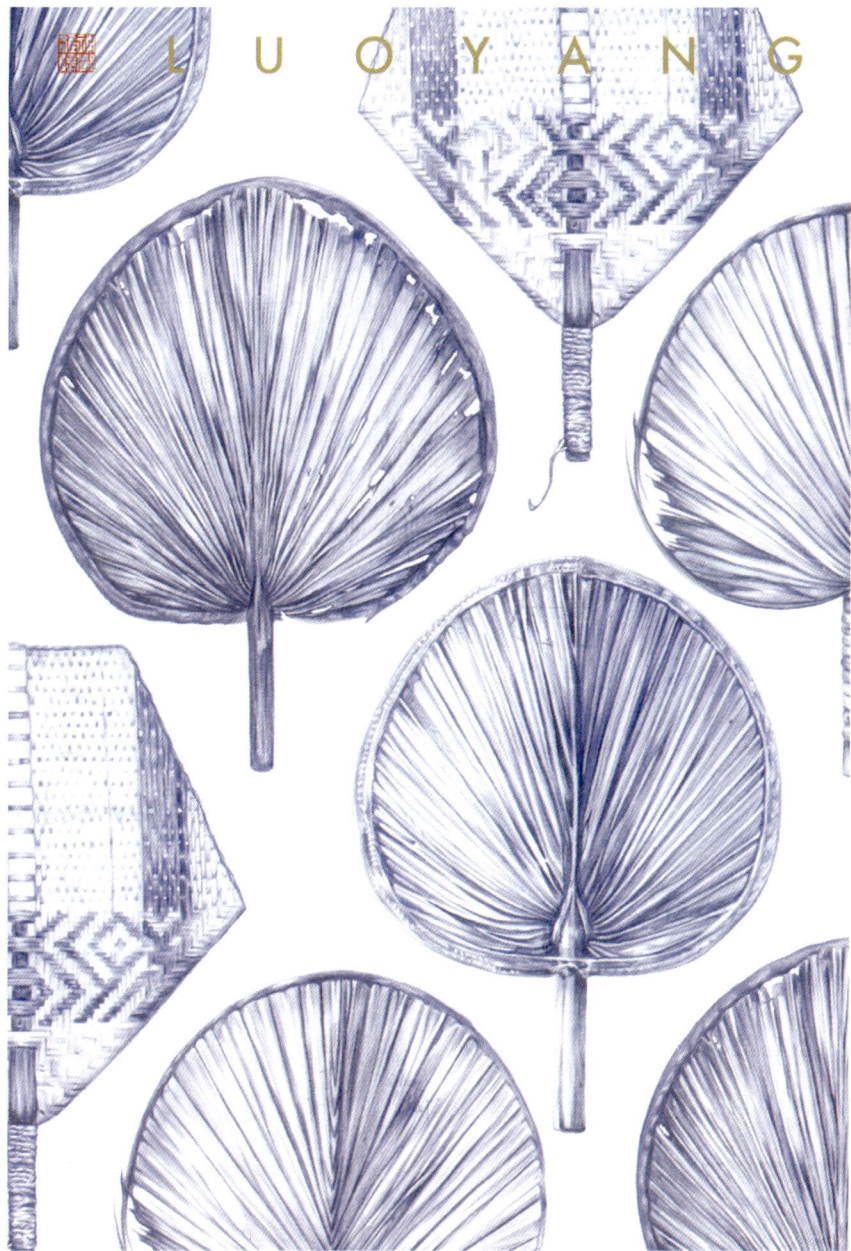

○ 设计思维《城市视觉识别》主题工作营，作品名《夏凉》，提取最易于市民解读的元素，关照生活经历的体验。

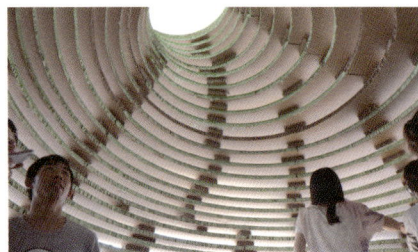

○《空间建构》创意工作营

工作营导师：李政　金岩　高华

　　开放式学习模块除了共建专业资源与资讯包，还包括对于工艺与技术的感知体验。空间建构工作营旨在触发新生对空间形态的体验与审美素养，认识与发现空间形态、体验之间的内在关联，通过由设计到制作的工作流程，锻炼团队协作与沟通。

　　课程通过选择某种媒质材料（如纸质瓦楞板、蜂窝板、竹竿或PVC有机材料及其连接件），首先使学生了解其性能与构造方法，继而让每个学生以个人身体的尺度作为参照，设想并制作一个小比例的空间设计原型，之后，对所有设计方案进行比较，学生自主选择一个设计继续深化。最终，以小组合作的方式完成1:1等比例的搭建，体验真实建造的过程。

　　工作营以再生性材料——纸质蜂窝板为原材料，长宽高以5米为限，设计一个小型临时建筑体，形态需具备空间艺术性与安全保障。由老师带领团队进行创作设计，用软件完成设计图纸并打好纸样，然后带领学生通过观摩和参与，从概念到设计原型，再进入到深化与实施，完成一个较为单纯的项目设计流程的专业认知；通过自己动手实施制作，从制定实施计划到制作管理，再到项目完成，增进学生对专业系统流程计划性、次序性、配合性的了解，体验人与空间之间的关系与趣味。此课题所使用的再生性材料以及使用太阳能转换夜景照明的设计，还使学生感受到专业所倡导的节能、环保、再生等科学的现代设计理念。

195

○ 《光盒子》创意工作营

工作营导师：李政　金岩　高华

　　这是另一个关于工艺与技术感知体验的教学案例，按照命题，学生们首先选择一个纸盒（鞋盒就很理想），试想它是一个建筑空间体，并根据试想的空间比例，把"人"这个空间服务的主体纳入其中，建立起一个"人与空间合体"的基本概念；选择纸盒的一面或多面，进行透光处理，形式、方法不限，但要求光线穿过处理面时，要在盒子的内空间形成一种光影关系。第一种体验，让光线从盒子外射入盒子内，形成光影关系，移动盒子，观察盒子内的观影变化，联想建筑空间体内的光影关系；第二种体验，将盒子固定，处理面面向光源（太阳），从早上 8:00 开始，每隔一段时间从观察口拍摄一次盒子内的光影关系，至太阳落山。

　　通过这种训练和体验，建构学生的大空间意识，感受人与空间的关系；通过光影实验，培养学生对空间中"光"元素的认知和了解，并由实验的延展，培养学生对建筑外立面即"建筑表皮"的认知。

○ 《光盒子》创意工作营，通过模型制作感受光与空间的关系以及光线对空间的塑造。

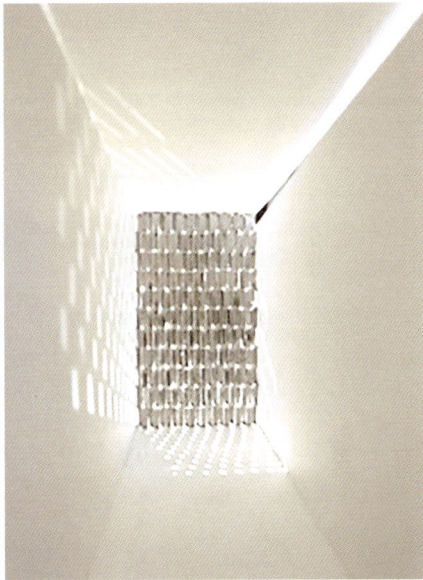

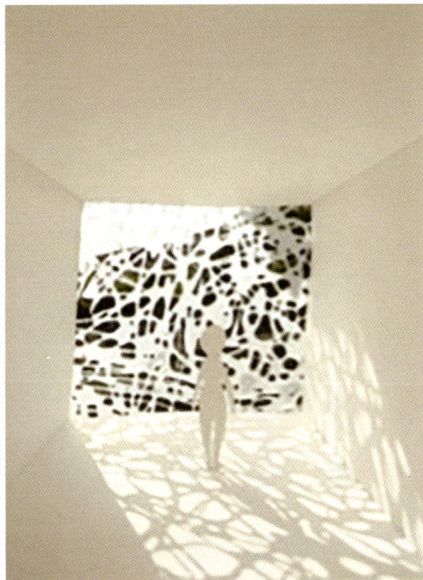

○《设计马拉松》创意工作营

工作营主持：丁肇辰

设计马拉松是由北京服装学院联合国内外高校协同举办的大型国际赛事活动，致力于推动企业与学术之间的沟通与合作，集结行业师生与专家，一同用心关注社会，为诸多棘手的设计问题寻找解答。

近年来工作营聚焦人口老龄化与创新适老设计的探索，发动老年人、银发资源与青年人共同进行设计创新，帮助年轻设计师感受"老的经验"，并充分认识用户群体的多样性，避免设计固有模式对用户无意识的排除，促进新技术、新媒体为我们经常忽略的老年人服务，倡导设计应对未来五年、十年的生活与社会发展有所洞见，让"像设计师一样思考"成为"为社会创新"的思维常态。

工作营基于"为老年人"展开主题性跨龄共创，包含数字达人、服务设计、网红爷奶、长者叮嘱、地区生活五个课题方向，在导师指导下以线上、线下设计调研作为工作基础，也一定程度作为参营学院的遴选标准，继而集中进行头脑风暴与原型设计。

2019 年的设计马拉松活动收获了大量利用交互、动态、多媒体的创新服务设计、产品设计成果，相关临终关怀、老年人新闻设计、老龄化社区公共服务系统设计、老年人音乐产品、银发艺术生活、身体平衡设计、进城老人与隔代教养问题、AI 伴侣、记忆整理、怀旧疗法等丰富的创意概念与设计原型，并进一步透过社会合作推进设计的落地产出。

· RESEARCH丨调研

临终关怀需求激增
Hospice Care Demand Surges

临终关怀服务成本高
Hospice Care High Costs

心理需求是重点之一
Psychological Needs

USER ANALYSIS丨受众分析

ELDER丨老人　FAMILIES丨家人　SOCIETY丨社会

· PLAN HIGHLIGHTS丨方案亮点

纪念的价值
Commemorative
Uniqueness

非功利分享的有效性
Effective
Non-commercial
Share

VISUAL IMAGE丨视觉形象

SUN丨太阳　SUNFLOWER丨向日葵　LOVE丨爱心

○ 《圆梦清单》

导师：吴立行

小组成员：桑康健　孙若琳　王明玮　苏昶汐　张小灿　韩雨

面对 65 岁以上的老人及其家人，以帮助临终老人实现梦想为切入点，搭建一个增进临终老人及其家属在最后的时光中彼此相互支持的平台；同时，也让社会能够在一定程度上参与进来，从而更好地了解临终关怀的价值与意义。

001 Information about the Elderly
关于老人的一些常识

Elderly people who live alone are isolated from the outside world and lack communication and interaction with others. They are very possible to feel lonely.

独居老人往往被迫于封闭的世界中，缺乏与他人的交流交际等现象，可能有较高的孤独感（Loneliness）(Weiss, 1973; Sun, et al, 2011)。

" Some elderly people retire suddenly from a busy job which can cause them to feel useless and inferior. They may feel less important to society.
——Liu zhonglin from sun yat-sen memorial hospital

有一些老年人曾经从繁忙的工作岗位上退下来，门前冷落车马稀，会感到习惯，从而产生自我无用感和自卑心理。
——中山大学孙逸仙纪念医院精神科，心理科主任 刘中霖

002 Art therapy example
艺术疗法 艺术疗法案例

The Open Minds Through Art (OMA) program in Ohio offers dementia sufferers the opportunity to work with abstract art in their creative work and to form friendships with high school or college students every week. The weekly art creation process during the semester helps senior citizens and students overcome each other's age differences and get closer. The finished work will be presented at an art exhibition.
These community events bring together various generations, raising the self-esteem of the elderly while promoting students' transformative learning.

俄亥俄州的"艺术开放思想"(OMA)项目为痴呆症患者提供了抽象艺术创作的机会，并在创作过程中与高中生或大学生建立友谊。每个学期每周一次的艺术创作过程，帮助老年人和学生克服彼此年龄上的差异，走得更近。完成的作品将在艺术展览会上展出。这些社区活动将不同时代的人聚集在一起，提高老年人的自尊，促进学生的变革性学习。

004 Envision a solution
解决方案

Elderly 老人

Experience 经验 Knowledge 知识 Skills 技能

+

Children 孩子

Creativity 创造力 Happiness 快乐

=

Beneficial & fun learning experience for both

双方都可以获益并获得乐趣的学习经历

005 Persona
人物标签

Grandma Zhang (78)
张奶奶(78岁)

Career Area Marital Status Live with children	Teacher Shanghai Married Separation		职业 地区 婚姻状况 与子女居住状况	退休教师 上海 已婚 分居	
Status	Living in Shanghai with husband. After retirement, I like to read at home and go out occasionally.		状况	和丈夫一直生活在上海，退休后喜欢在家里看书，偶尔外出。	
Hobbies	Knitting a sweater.		爱好	织毛衣。	
Pain point	Live away from children, lack of recreational activities and sometimes feel lonely.		痛点	子女不在一起生活，缺乏娱乐活动，有时会觉得很孤独。	
Needs	Want to talk and have fun with others, it would be better if they have the same hobbies.		需求	想要和大家一起聊天和娱乐，有共同的爱好就就更好了。	

006 Flow chart
人物故事

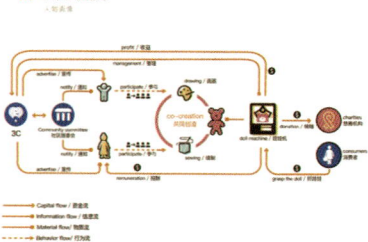

009 Resolved pain point
解决痛点

老年人的痛点	Pain points of the elderly	解决方法	Ways to solve

Feel lonely when they live alone
独居时会觉得很孤独

After retirement, roles are lost and life goals are lost
退休后，角色丧失 人生目标丧失

Existing skills can't be used, creativity is gradually lost
有的技能无法使用，创造力逐渐丧失

Reduced self-worth
自我价值降低

New opportunities to communicate with others
缺少和他人交流机会

Provide opportunities for older people to develop their skills and teach others
为老年人提供培养他们的技能并教授他人的机会

Inspire the creativity of the elderly with the imagination of the children
以孩子的想象激发老年人的创造力

Organize offline art activities within a community basis
以社区为单位组织线下艺术活动

Create value through charity organisations
通过慈善机构创造价值并分享

○ 《银发艺术生活》

导师：朴智渲

小组成员：张博　范子宁　张亚玲　郏成伶　徐乐嘉　KYRA MILLER

项目为痴呆症患者提供了创造性工作中使用抽象艺术的机会，在艺术创作过程，帮助老年人和学生克服年龄差异，走得更近。完成的作品将在艺术展览会上展出。这些社区活动将不同时代的人聚集在一起，提高老年人的自尊，促进变革性学习。

DESIGN DAY
设计马拉松

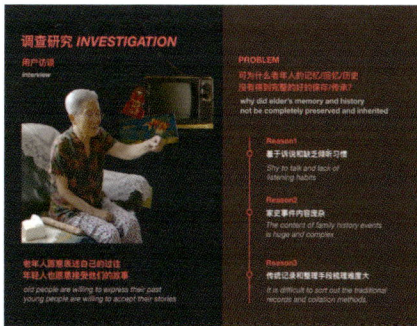

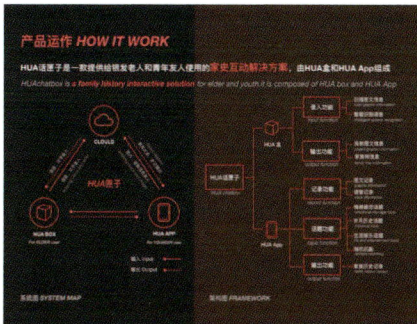

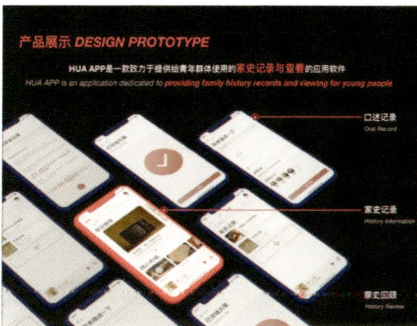

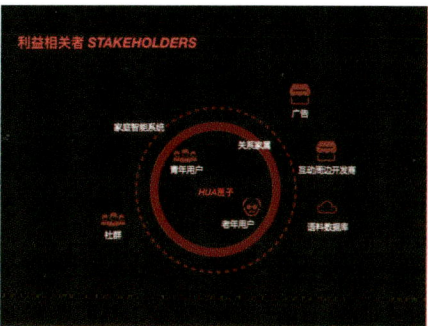

○ 《老人的记忆整理》

导师：何颂飞

小组成员：高苗雨 胡宇婷 李佳和 卢山盾 冯颖轩 罗佳敏

老年人愿意表述自己的过往，年轻人也愿意接受老人的故事，为了能够更好地、完整地保存和传承老人的记忆、会议、历史，小组设计出针对老人记忆整理的产品，根据已有事件的储备，将其转化为新的沟通点，并开始新家史记录，识别事件内容和关键点信息，进行云端存储并归档，记录老人提供的家史事件，通过活动设计，创造老人与子女的沟通事件。

Problem Found

信息迅速发展，带来了极大地便利，
客观地降低了一部分人的**幸福指数**。
这些人大部分都是老年人。

The rapid development of technology
has objectively reduced the
happiness index of some people.
Most of these people are elderly.

User Research

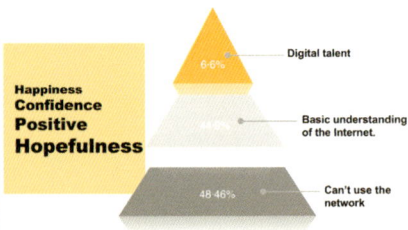

Happiness
Confidence
Positive
Hopefulness

6·6% — Digital talent

44·8% — Basic understanding of the Internet.

48·46% — Can't use the network

Imagine we have a better future!

Realizing Value

work toghther
共老互助

Skill Shop
达人老人
experienced
helper

网盲老人
helped person

Calendar assistant

communication

Solution

MORE CARE
Wisdom Of Weekly Calendar

MORE FUN
Elderly Skill Shop

Wisdom Of Weekly Calendar
Use Scenario

Elderly Skill Shop
Framework

搜索分类
标题　技能列表　首页 Home
个人信息栏
收藏/分类
技能介绍
匹配用户列表
导航菜单
筛选

用户聊天
系统信息

消息 Message

老年技能商店
Elderly Skill Shop

发布 Release
文字录入 拍照

我的 I
发布 历史 收藏 设置

○ 《老年技能商店》

导师：宁兵

小组成员：倪仁凯　宣安然　颜颖枝　贾峨垒　吴家文　黄宝欣

通过建立一个老年人的技能交换平台，将老年人既有的生活经验和知识储备与他人来进行交换，在不改变老年人现有的生活方式前提下带来一些改变。平台以微信小程序的方式，老年用户可以根据自己的喜好选择技能并输入所要交换的技能，通过技能交换的方式改善"老而无用"的观念，同时也扩大老年人的社交圈，丰富老年人的生活。

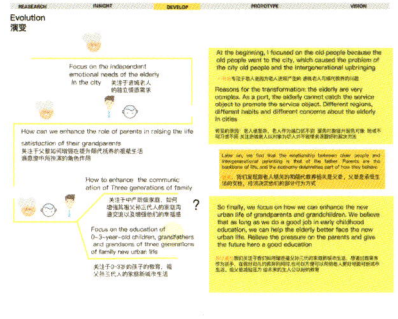

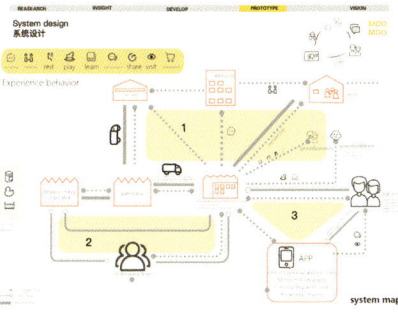

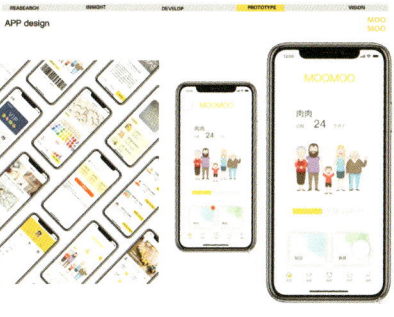

○ 《进城老人与隔代教育》

导师： 吴建莹

小组成员： 袁文浩　王思雨　王晓萱　段慧云　郑安　李子一

中产阶级以下的青年家庭普遍面临着城市老年人和代际教育的问题，通过引进和共享专业的教学 / 教具设备，以孙辈为桥梁，打造连接祖孙三代的科学教育空间，引领三代人在城市中开始新的生活。项目一开始专注于老人是因为老人进城产生的与隔代教养观念不同的问题，继而转变了关键问题的定义：关注于我们如何增进祖父孙三代的家庭新城市生活，通过教育来作为抓手，在做好幼儿的教育的同时，也可以帮助老人更好地面对新城市的生活。给父辈减轻压力，给孙辈好的教育。

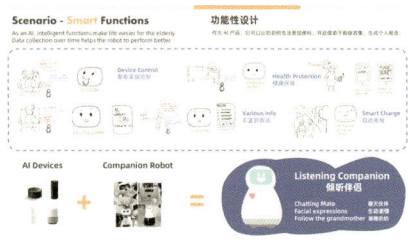

○ 《老年人 AI 倾听伴侣》

导师：安晟喜

小组成员：KASEY MARKS　EMILY MEE　董梦婕　刘燠昕　常可依

团队关注如何使"AI 伴侣"获得一种新的、可持续的交流模式，使之成为老年人的文化和情感归属，建立全新的关系。老年人的社交生活因人而异，有些人比较外向，更愿意主动地寻找同伴和集体活动，有些人倾向于看报或者喝茶这类安静的活动，但他们想要和社会和人保持联系的愿望是同样强烈的，团队的设计重点是使用情感化的面部表情向老年人传达关怀与关注。

参考文献

[1]（美）汤姆·凯利,（美）乔纳森·利特曼.创新的艺术（The art of innovation : lessons in creativity from IDEO America's leading design firm）[M]. 北京 : 中信出版社, 2010.

[2]（英）加文·安布罗斯,保罗·哈里斯.视觉传达的设计思维（原著第二版）[M]. 北京 : 中国建筑工业出版社, 2018.

[3]（韩）文灿,金美子,申熙卿.与众不同的设计思考术 Thinking[M]. 北京 : 电子工业出版社, 2012.

[4] 王可越,税琳琳,姜浩.设计思维创新导引（ Innovation via design thinking）[M]. 北京 : 清华大学出版社, 2017.

[5]（英）蒂姆·布朗.IDEO,设计改变一切（Change by design: how design thinking transforms organizations and inspires innovation）[M]. 沈阳 : 万卷出版公司, 2011.

[6]（德）克里斯托弗·迈内尔,乌尔里希·温伯格,蒂姆·科罗恩.设计思维改变世界 [M]. 北京 : 机械工业出版社, 2017.

[7] 周至禹.艺术设计思维训练 [M]. 北京 : 高等教育出版社, 2012.

[8] 鲁百年.创新设计思维 : 设计思维方法论以及实践于册 [M]. 北京 : 清华大学出版社, 2015.

[9]（英）加文·安布罗斯,保罗·哈里斯.设计思维 : 有效的设计沟通和创意策略 [M]. 北京 : 中国青年出版社, 2010.

[10] 赵璐.德国视觉传达设计教学特色课程[M].北京:人民美术出版社,2009.

[11] 叶丹.设计思维与方法[M].北京:化学工业出版社,2019.

[12] 王默根,王建斌.视觉形态设计思维与创造[M].北京:机械工业出版社,2011.

[13] (美)蒂莫西·萨马拉.美国视觉设计学院用书[M].南宁:广西美术出版社,2013.

[14] 提姆·布朗.设计思考改造世界[M].台北:联经出版事业股份有限公司,2010.

[15] 王大宙.弹性设计思维[M].上海:上海人民美术出版社,2015.

[16] (美)布鲁斯·汉宁顿.设计的方法[M].台北:原点出版,2012.

[17] (美)帕贝·埃文斯.视觉传达设计基础[M].上海:上海人民美术出版,2017.

[18] (美)埃伦·勒普顿.设计,三步成师!跟着我找设计想法[M].北京:电子工业出版社,2012.

[19] (英)尼尔·伦纳德.设计师生存手册:创新设计思维[M].北京:中国青年出版社,2014.

[20] 刘静伟.设计思维[M].北京:化学工业出版社,2018.

[21] (英)西蒙·西弗瑞特.时装设计元素:调研与设计[M].北京:中国纺织出版社,2009.

[22]（瑞士）沃尔特·布伦纳, 福克·尤伯尼克尔. 创新设计思维—创造性解决复杂问题的方法与工具导向 [M]. 北京：机械工业出版社, 2018.

[23] 于佳佳, 福尔雅. 创新设计思维 [M]. 北京：清华大学出版社, 2019.

[24] 由芳, 王建民, 肖静如. 交互设计：设计思维与实践 [M] 北京：电子工业出版社, 2017.

[25]（美）罗赞·萨马森, 马拉 L·爱尔马诺. 关键创造的艺术：罗德岛设计学院的创造性实践 [M]. 北京：机械工业出版社, 2015.

[26]（日）原研哉. 设计中的设计 [M]. 山东：山东人民出版社, 2006.

[27]（日）东京大学教养学部. 东京大学通识讲座 1：贯通篇 [M]. 北京：人民邮电出版社, 2016.

[28]（日）东京大学教养学部. 东京大学通识讲座 2：热血篇 [M]. 北京：人民邮电出版社, 2016.

[29]（日）东京大学教养学部. 东京大学通识讲座 3：纯情篇 [M]. 北京：人民邮电出版社, 2016.

[30]（美）维克多·帕帕奈克. 为真实的世界设计 [M]. 北京：中信出版社, 2012.

[31]（美）斯科特·W·桑托罗. 走进平面设计 [M]. 北京：人民邮电出版社, 2015.

[32] D.school [EB/OL]. https://dschool.stanford.edu/classes.

[33] 斯坦福大学官方网站. https://web.stanford.edu/group/me310/me310_2018/.

[34] 2017-2018 ME310 Global 课程在美国斯坦福大学圆满结束 [EB/OL]. http://sli.bnu.edu.cn/a/xinwenkuaibao/yanjiudongtai/20180611/578.html.

[35] Design Thinking 101 [EB/OL]. https://www.nngroup.com/articles/design-thinking/.

[36] 罗德岛设计学院 [EB/OL]. https://www.risd.edu.

[37] 耶鲁大学 [EB/OL]. https://www.yale.edu.

[38] 东京艺术大学 [EB/OL]. https://www.geidai.ac.jp.

[39] 武藏野美术大学 [EB/OL]. https://www.musabi.ac.jp.

[40] Sean Van Tyne. Design Thinking: A Brief History [EB/OL]. https://seanvantyne.com/2017/02/12/design-thinking-brief-history/.